# 数字货币战争

［英］大卫·G.W.伯奇（David G.W.Birch）著
姜 睿 译

CASH AND CRYPTOGRAPHY, HASH RATES AND HEGEMONY

THE CURRENCY COLD WAR

中国科学技术出版社
·北京·

The Currency Cold War: Cash and Cryptography, Hash Rates and Hegemony/ISBN: 978-1913019075

Copyright © 2020 David G. W. Birch.
Published by London Publishing Partnership.
Published in association with Enlightenment Economics.
All Rights Reserved.
The simplified Chinese translation rights arranged through Rightol Media（本书中文简体版权经由锐拓传媒取得 Email:copyright@rightol.com）

北京市版权局著作权合同登记　图字：01-2021-0562。

图书在版编目（CIP）数据

　　数字货币战争 /（英）大卫·G. W. 伯奇著；姜睿译. —北京：中国科学技术出版社，2022.9
　　书名原文：The Currency Cold War: Cash and Cryptography, Hash Rates and Hegemony
　　ISBN 978-7-5046-9647-2

　　Ⅰ.①数… Ⅱ.①大…②姜… Ⅲ.①数字货币—研究　Ⅳ.① F713.361.3

中国版本图书馆 CIP 数据核字（2022）第 100562 号

| 策划编辑 | 申永刚　赵　嵘 | 责任编辑 | 申永刚 |
| --- | --- | --- | --- |
| 封面设计 | 仙境设计 | 版式设计 | 锋尚设计 |
| 责任校对 | 张晓莉 | 责任印制 | 李晓霖 |

| 出　　版 | 中国科学技术出版社 |
| --- | --- |
| 发　　行 | 中国科学技术出版社有限公司发行部 |
| 地　　址 | 北京市海淀区中关村南大街 16 号 |
| 邮　　编 | 100081 |
| 发行电话 | 010-62173865 |
| 传　　真 | 010-62173081 |
| 网　　址 | http://www.cspbooks.com.cn |

| 开　　本 | 710mm×1 000mm　1/16 |
| --- | --- |
| 字　　数 | 150 千字 |
| 印　　张 | 13.25 |
| 版　　次 | 2022 年 9 月第 1 版 |
| 印　　次 | 2022 年 9 月第 1 次印刷 |
| 印　　刷 | 北京盛通印刷股份有限公司 |
| 书　　号 | ISBN 978-7-5046-9647-2 / F·1015 |
| 定　　价 | 79.00 元 |

（凡购买本社图书，如有缺页、倒页、脱页者，本社发行部负责调换）

我将此书献给第一个鼓励我撰写此书的人：

戴安·科伊尔（Diane Coyle）

如果没有她，我不可能把脑子里的想法变成文字！

# 序

以色列历史学家尤瓦尔·赫拉利（Yuval Harari）说："货币是由人类创造和讲述的最为成功的故事。"

尤瓦尔·赫拉利提醒我们：货币是创造出来的。不过，他之所以这样说，既不是要贬低货币的重要性，也不是要警告大家不要过于依赖货币。正相反，就如他在自己反响巨大的著作《人类简史：从动物到上帝》(*Sapiens: A Brief History of Humankind*，2011年）一书中写道的：虚构故事赋予智人前所未有的能力，让我们得以集结大批人力、灵活合作。人类创造的故事包括宗教、公司法人及国家，人类认为国家是拥有共同价值观的共同体。人类创造的故事中关于"货币"的故事，才是最重要的，这个故事对人类文明的发展有巨大的贡献。尤瓦尔·赫拉利根据自己的观察得出结论：不是所有人都信奉人权或民族主义，但是所有人都相信金钱，相信货币。

本书作者大卫·G. W. 伯奇在书中的讲述让我明白：关于"货币"这个长达一千年的故事的根本内容在定期发生着变化。从历史长河来看，虽然"货币"的故事从未中断，但一直随着政治秩序、文化，特别是技术的变化而变化。

在我写下本书序言之际，正值动荡的2020年早春。我们很难相信关于"货币"的故事将会发生更为戏剧化的变化了。我们不知道货币将前往何处，但我觉得，有三股力量正集合在一起让货币的发展发生深刻的变化。

首先，第一股力量是地缘政治。自2008年国际金融危机以来，顶尖的经济思想家一直在警告我们：全球经济不平衡对国际货币金融体系（术语汇编：IMFS）产生了巨大的压力。

1944年7月，44个国家在美国新罕布什尔州签订的"布雷顿森林协议"确定了美元在世界经济中的核心地位，确立了"布雷顿森林体系"。而美元目前的地位，也前所未有的稳固。我们从美元在各国中央银行储备金、跨境支付、外汇交易，以及最重要的国际公司资产和负债中所处的统治地位中都可以看出：美元比以往任何时候的影响力都更大。不过，世界经济对美元的依赖，实际上变成了布雷顿森林体系的主要弱点。也就是说，当金融危机发生时，美国联邦储备系统（下文简称：美联储）不仅要扮演美国银行最后的借贷方，而且还要违背美国国内经济利益，为全世界提供最终的经济支撑。这也意味着，当美联储在美国国内范围内调整货币政策并改善美国经济状况时，会同时附带给其他国家带来伤害。美国利率每降低或升高0.25%，就会掀起涌入和涌出外国货币的浪潮。这会致使汇率失配，风险加剧，还可能会导致发生像20世纪30年代那样逐底竞争[①]的货币战争。特朗普执政后，美国更加奉行重商

---

① 逐底竞争，是指在竞争激烈的情况下，竞争者以触犯法则或违反道德的代价，换取更高的回报率和利益。——译者注

主义和美国至上的贸易政策，特朗普还不断批评美联储的货币政策，也引发了人们对美联储独立性的质疑。上述问题都让矛盾变得更加尖锐。

其次，第二股力量是新兴技术。导致货币政策产生范式转变的是新兴技术。自2008年金融危机以来，我们也看到了货币世界的创新大爆炸。在移动电话、物联网、人工智能（术语汇编：AI），特别是加密货币、区块链和其他形式的分布式账本等技术的促进下，出现了新的货币、金融协议和应用程序等"组件"。这些"组件"共同构成了一个可扩展的、具有应用程序接口的平台，企业家和政府可以通过该平台打造一个令人惊叹且具有颠覆性甚至听起来有点骇人的可编程货币新时代。可编程货币如作者所说的那样，被称为"非常智能的货币"。

上述两股力量融合在一起，引发了广泛的争论，争论的焦点在于数字货币是否能够解决国际货币体系失衡的问题。比如：你将在后面的内容中读到即将卸任[①]的英格兰银行行长马克·卡尼（Mark Carney）解读关于由国际货币基金组织（术语汇编：IMF）指导创建数字货币的大胆设想，也就是用"合成霸权货币"（术语汇编：SHC）取代美元作为国际储备货币的地位。

最后，第三股力量是新型冠状病毒肺炎（以下简称"新冠肺炎"）疫情导致的大规模破坏性的社会动荡，这加剧也加速了地缘政治和新兴技术这两股力量的融合。2020年的新冠肺炎疫情带来的医疗危机很快演变成了金融、经济和政治危机，迫使人们重新划定经济权力的边

---

① 原书出版于2020年，此时的马克·卡尼尚未卸任英格兰银行行长。——译者注

界——这不仅在国与国之间，还可能在国家内部。当中央集权政府不能迅速对危机做出回应时，就给了分散治理等其他模式以机会。这种分散治理的模式肯定会衍生出其他的货币形式。比如：现在①就是社区货币大放异彩的好时机。

这场危机已经成为数字货币政策的分水岭。2020年2月，人们还不可想象数字美元方案；到了2020年3月，数字美元方案便由美国众议院议员提出，并成为新冠肺炎疫情应对方案。该法案要求美联储创造一种直接面对公民的电子账户系统，以便于数百万面临立即失业的普通美国人从联邦政府那里快速获得用于救济的财政拨款，而不必依靠银行系统缓慢且具有限制性的支票分配过程。尚不成熟的数字美元方案最终没有通过，但却开启了奥弗顿之窗②以供讨论。数字美元已经被摆上了桌面。

同时，国际清算银行（术语汇编：BIS）在2020年4月初的报告中显示：对于脏款（'dirty' banknotes）的顾虑将会使各国中央银行加快开展数字货币计划。此外，人们之间社交距离的变化让我们越来越倾向于使用在线模式和数字化模式进行联系，因此，人们也越来越需要数字货币和数字金融。当人们几乎所有的事情都在网上进行时，就必须解决隐私、网络安全、身份验证和货币之间的问题，这也将促使我们改变交易方式。生活越来越虚拟化，政府不知不觉中加大了对谷歌（Google）

---

① 现在是指原书出版时间，即2020年。——编者注
② 奥弗顿之窗，是指一段时间内，大多数人在政治上可以接受的政策范围的一种理论。——编者注

和亚马逊（Amazon）等聚合了大数据的互联网巨头的监督力度。就此来看，我相信，减少数字货币和数据交换中间费用的点对点交易系统能让人们获得更多的公共利益。

换言之，政府和企业已经进入了争夺未来货币体系定义权的激烈竞争阶段，即"货币寒战"时期。随着各国政府和企业开始权衡以美元为中心的货币体系的替代方案，美国在数字化方面的竞争者将从四面八方涌现出来。尽管有些国家在数字货币和电子支付方面的发展，已经远远超过了美国，但是，关于数字化方面的挑战不仅仅来自国家，还来自一些私有企业，如由脸书（Facebook）和其他20多个企业联合推出的天秤币（Libra）。天秤币是一种以法定货币为支撑的数字货币。[1]最初，各国政府都在抵制天秤币，设置了很多监管规定阻挠人们对于天秤币的使用。不过，这产生了奇怪的连锁反应。天秤币等其他类似产品产生了非常重大的影响。

此外，我们不能不考虑比特币（Bitcoin）等去中心化替代方案的作用。我和大卫·G. W. 伯奇对此都不赞同，不过我发现，后新冠疫情时期的政治分裂孕育了人们对中本聪所创造的比特币的需求。毕竟，就算比特币不是特别稳定，也算是一种价值储藏的替代方案。

由于新冠肺炎疫情，人们对政府和企业守门人的信任受到了极大挑战。那些抱怨在史无前例的财政和货币刺激计划中缺乏问责制的人，

---

[1] 2019年6月，社交网络巨头脸书对外发布了其加密货币天秤币（Libra）以及相关的数字钱包等服务，鉴于脸书过去糟糕的隐私保护记录，这一数字货币引发了一些媒体和美国议员的质疑。后来，不得不放弃。——编者注

可能会很乐意接受新的货币观念。对于担心企业和国家发行的货币会受到监视的人来说，比特币等去政治化且具有隐私性的数字货币替代方案是非常有吸引力的。自比特币发行以来的11年[①]里，比特币圈内人一直在努力维持比特币发展的连续性。到目前为止，比特币似乎已经堪比数字黄金了。[②]

换言之，即将到来的货币寒战会成为一部令人惊叹的大片。虽然该大片已经上映，但是关于货币的故事永远不会上演相同的戏码。我们谈论的不仅仅是曲折的剧情，而是对货币与社会互动方式的重新思考，这其中也包括弱化银行体系的作用。银行体系自15世纪以来，一直在货币的创造和分配方面占据着主导地位。

能把故事中如此重大的变化讲述清楚的人，我想不出比大卫·G. W. 伯奇更合适的了。在这本恰逢其时且具有预见性的书中，作者将带领你穿过高高的经济和社会的桩柱，看清不同参战者在技术和商业方面的优劣势。大卫·G. W. 伯奇永远不会回避个人见解，而是以谦卑和自嘲的幽默感接受并解释许多其他方案带来的可能性。大卫·G. W. 伯奇所做的事情非常不同凡响：他提出的这个问题比目前其他任何问题都更重要。而且尽管很多人会觉得这些问题过于复杂，令人厌烦，但他却让我

---

[①] 比特币于2009年1月3日发行，原书出版于2020年。——译者注
[②] 这是作者个人观点。我国对比特币的政策，不支持不鼓励不提倡比特币在上市交易，2021年我国已全部关闭比特币交易渠道。比特币是一种P2P形式的数字货币，不是法定货币。比特币的交易记录，点对点的传输意味着一个去中心化的支付系统，比特币容易涉嫌非法集资或非法吸收公众存款的犯罪活动。——编者注

们每个人都理解并认识到了这个问题的重要性。

货币是有关人类文明的故事。现在就让我们来看一看货币将如何发展。

迈克尔·J. 凯西（Michael J. Casey）

# 前　言

利用比特币带来的革命，但仅有比特币还不够好。

——比尔·盖茨（2015年）

从本质上讲，目前的货币制度具有临时性，是一种为了应对特定的政治、技术和经济情况而形成的临时性制度。当情况发生变化的时候，货币制度也必然会发生变化。许多人认为，随着"布雷顿森林体系Ⅱ"的结束，货币制度将发生重大的变化。顺便要说的是，这不仅仅是那些天真的痴迷于比特币技术专家的意见。2019年，时任英格兰银行行长的马克·卡尼（Mark Carney）在讲话中说，一种全球性的数字货币可能会动摇美元在当今全球货币体系中地位。不过，动摇美元地位的会是哪种数字货币呢？我们真的要在美联储和微软，即美元和微软发行的数字货币之间，在脸书①的天秤币和中国的数字人民币（术语汇编：DCEP）体系之间，以及特别提款权②（术语汇编：SDR）和卡戴珊

---

① 脸书公司已更名为元宇宙。——编者注
② 特别提款权，国际货币基金组织创设的储备资产和记账单位。——译者注

的"卡币"（Kardashian kash）之间进行选择吗？答案应该是——这些正是我们不久以后要做出的选择，所以我们需要从现在就开始为这个即将到来的数字货币时代做准备。

历史学家尼尔·弗格森（Niall Ferguson）曾写道：如果美国聪明，它会醒来，开始争夺数字支付的主导权。他是对的。实际上，我们可以看到，在网络空间出现了新的对峙。那么数字美元会赢得这场新的"太空竞赛"吗？

如果我们仅仅把这当作是有关数字货币和区块链及哈希率和密钥长度的技术辩论，那就大错特错了。它的意义已经远远超出了新时代的虚拟边界。美元的霸主地位让美国可以通过国际货币基金组织来施加其软实力影响力。用基于数字货币的新基础架构来取代现有货币体系所带来的一个重要的结果：美国的这种权力可能会受到限制。如果新货币对所有个人、组织和政府都更具吸引力，那么美国对美元清算的控制权将不能再转化为政治权力。

在笔者看来，技术人员、商业策划师、经济学家及国家和国际监管机构都已经开始寻找替代方案，而整个数字货币的话题需要进一步的探讨。在本书中，笔者将列出在经济和技术上必须发展数字货币的原因，讨论数字货币对国际货币金融体系可能产生的影响，并着重探讨导致一些关系变得紧张的主要原因，这些关系包括新旧之间、公有和私有之间，以及最重要的——东方和西方之间的关系。这样的讨论对于不久的将来要形成什么样的体系非常重要。

# 致　谢

　　我非常感谢英国前巴克莱银行企业银行业务副主席杰里米·威尔逊（Jeremy Wilson），在我对数字货币主题有了初步想法时给予的支持和建议；感谢西蒙·莱利费尔德特（Simon Lelieveldt）的建设性建议；感谢金融创新研究中心（术语汇编：CSFI）的安德鲁·希尔顿（Andrew Hilton）和简·富勒（Jane Fuller），对该书的前期工作提出了非常有益的意见；还要感谢作家杰弗里·罗宾逊（Jeffrey Robinson）提出的关于重点的真知灼见。当然，也要感谢我的家人在本书编写过程中对我的支持。

# 目 录

## 第1部分 数字货币 / 1

引言 / 5
第1章　什么是数字货币 / 10
第2章　技术作为催化剂 / 37
第3章　人人都能赚钱 / 59

## 第2部分 变革的动力 / 69

第4章　数字货币将解决什么问题 / 71
第5章　重新思考货币 / 102
第6章　创建法定数字货币 / 125

## 第3部分 货币竞争 / 143

第7章　私人数字货币 / 147
第8章　公共数字货币 / 166
第9章　红与蓝 / 178

## 结语　行动号召 / 192

# 第1部分
# 数字货币

---

美国政府从数字货币中得到的好处比其他任何国家都多。不过，他们看起来似乎并没有意识到这一点。

——埃里克·汤森（Erik Townsend）

引自《超越区块链：美元之死与数字货币的兴起》
（*Beyond Blockchain: The Death of the Dollar and the Rise of Digital Currency*），2018年

# 数字货币战争

数字货币只存在于计算机的虚拟世界里，不像英镑那样，还可以以物质的形态存在于现实世界中，留着个不太起眼的"小尾巴"。大部分英镑，也就是实际上大约96%的英镑仅存在于计算机的虚拟世界里，而存在于现实生活中的，只剩下不过4%——它们散落在人们的口袋和钱包里。如果我们说，我们不喜欢英镑，想创造一种属于我们自己的货币，那么需要铸造货币、发行货币，以及说服商家收取我们发行的货币，这简直就是自找麻烦。不过，在苹果公司（Apple Inc.）、游戏开发商罗维奥（Rovio）娱乐公司以及亚马逊公司的世界中，这根本不是事儿，它们可以制造属于自己的数字货币，然后一走了之。但就像经济学家海曼·明斯基（Hyman Minsky）发现的那样：创造新的货币并不难，关键在于如何让人们接受新的货币。

为什么有人会接受新的货币？比如：笔者曾提议用昔日的威塞克斯的硬币（Wessex e-Greats）来取代欧元。其中一个原因是便利。我们来看看那些私有货币，比如：玛莎百货的购物券或亚马逊的礼品卡都是很好的例子。一个朋友就在英国萨里的农贸市场上用过玛莎百货的购物券，对方还给他找了零钱。虽然这不是英镑，但毫无疑问，在英国萨里或英国其他地区，玛莎百货的购物券都可以被当作货币来使用。如果你欠了笔者10英镑，笔者可以接受你用等价的亚马逊礼品卡来还钱，因为在亚马逊网站上购物的时候，可以使用这张礼品卡。互联网，特别是移动电话的革命性功能就在于让这些私有货币的使用不仅成为可能，而且还成为生活中不可避免的事情。你很难想象一个人背着一书包不同国家的钞票出现在商店的画面，不过，如果是这个人拿着智能手机，手机里

# 第1部分　数字货币

有可以处理不同货币的应用软件，这就非常自然了，并且可以用手机应用随时选择要使用哪种货币。

不过，这也不仅仅是为了提高货币使用的效率和便利性。有些货币本质上更具有意识形态的特点，如比特币。那些捍卫比特币的人不太担心交易问题。他们更关注的是，让政府放松管制数字货币。那些提倡数字黄金以及创造了与商品价格紧密挂钩的货币的人也持有相同的观点。

许多人都认为，货币的未来与现实社会及虚拟社会的未来紧密相连。《来自巴比伦，超越比特币》(*Before Babylon, Beyond Bitcoin*) 一书讲的就是上述观点。在那些货币崩溃的地方，比如希腊，已经有当地组织开发出了他们自己的货币，用来取代欧元。我们也在英国（伦敦的布里克斯顿镑）、德国[巴伐利亚的"基姆高"货币（Chiemgauer）]和其他地方看到了类似的尝试。所有这些国家和地区开发货币的尝试，在国际金融危机爆发后都引起了人们的注意[霍尔顿（Halton），2019年]。虽然以上各种货币都还没有形成规模，但是加密货币技术已经降低了进入货币开发领域的门槛。这意味着，我们可以开始考虑各种新的货币产生的可能性了。下面，笔者将列举一个发生在英国伦敦的非常显著的例子。英国首都伦敦的经济情况与英国其他地区的情况已经大相径庭，所以非常适合从这里着手。如果英国伦敦开始使用自己的数字货币，英国的苏格兰地区也开始使用自己的数字货币，那么它们就完全可以打破国家货币政策给彼此戴上的枷锁。

只要由各国政府（而不是国际债券市场）控制他们的货币政策，就可以看到对于货币市场的某种形式的监督或治理。但是，在这个没有数

## 数字货币战争

千种也有数百种数字货币组成的世界中，价值都是由市场来决定的。现在，在英国境内只使用一种货币——英镑。但是，我们的孩子们可能会发现，这和爱德华时代的金本位一样，已经过时了。笔者用"半美元"来纪念"金本位"这个说法，这源于笔者小时候使用的半克朗硬币。当孩子们去购物时，可能会用伦敦镑或魔兽世界的黄金，而在退休金中则会存着千瓦现金（Kilowatt Cash）和移动货币（Mobility moolah）。

因此，我们将看到在不同价值的数字货币之间进行选择的新世界，这是一件好事。我们应该了解什么是数字货币，以及数字货币的工作原理。

# 引 言

> 我认为，互联网将成为弱化政府角色的主要力量之一。目前缺少的是可靠的电子现金，但很快就会开发出来。通过电子现金，人们可以在互联网上将资金从甲转移给乙，而两者都不需要知道对方是谁。我可以通过电子现金将20美元转给你，但不会留下任何记录。
>
> ——米尔顿·弗里德曼[①]（Milton Friedman，1999年）

二十多年前，米尔顿·弗里德曼曾预测：纸币和硬币的"可靠"数字替代品将彻底改变新经济。时至今日，我们仍然没有广泛使用的纸币和硬币的数字替代品。虽然有少数人在使用这样或那样的加密货币，但主要都是为了投机的目的。对于大多数人而言，数字货币意味着将移动或网络前端嫁接到已经具有半个世纪历史的支付方式上，而这些支付方

---

[①] 1976年诺贝尔经济学奖得主，美国著名经济学家。——编者注

式就是通过激光束和晶体管来传输世界上的法定货币。

这并不是说，比特币的到来没有重新激发起人们打造纸币和硬币的替代货币的兴趣。那么，纸币和硬币的替代货币是什么？为什么我们需要替代货币？日常生活中我们谈论的数字货币是一回事，而定义数字货币又是另一回事。数字货币将如何运行？我们又将如何使用数字货币？

让我们回想一下最初的情况。自工业革命以来，用以支持现代经济的货币体系主要有三种。第一种是我们现在都很熟悉的法定货币制度。第二种是苏格兰等很多国家曾经使用过的自由银行制度。该制度已成为历史。第三种是一些地方仍在使用的货币局①制度［汉克（Hanke）和舒乐（Schuler），1998年］。那么我们现在需要认真地想一想，数字货币是这三种其中之一的虚拟版本，还是一种全新的货币制度。另外，我们也要想一想它会对企业、政府和社会产生什么样的影响。

## 金字塔体系

我们应该如何开始考虑数字货币产生的巨大影响呢？本杰明·科恩（Benjamin Cohen）在2015年出版了《货币与权力》（*Currency and Power*）一书。在书中，他提出了"货币金字塔"的概念，这个概念用来研究国际货币（科恩，2015年）。简化的金字塔概念（如图1所示）将世界货币分为四种：第一种，**主要货币**；第二种，用于商业活动和被全球精英

---

① 货币局，是指发行按固定汇率可自由兑换为某种货币的机构。——译者注

# 第1部分 数字货币

全球性货币，其他货币以此定价 — 主要货币

被全球所接受，用于跨境贸易 — 贵族货币

国家货币，与本国经济相关 — 平民货币

具有名义主权，但实际上已经被以上货币所取代 — 被渗透货币

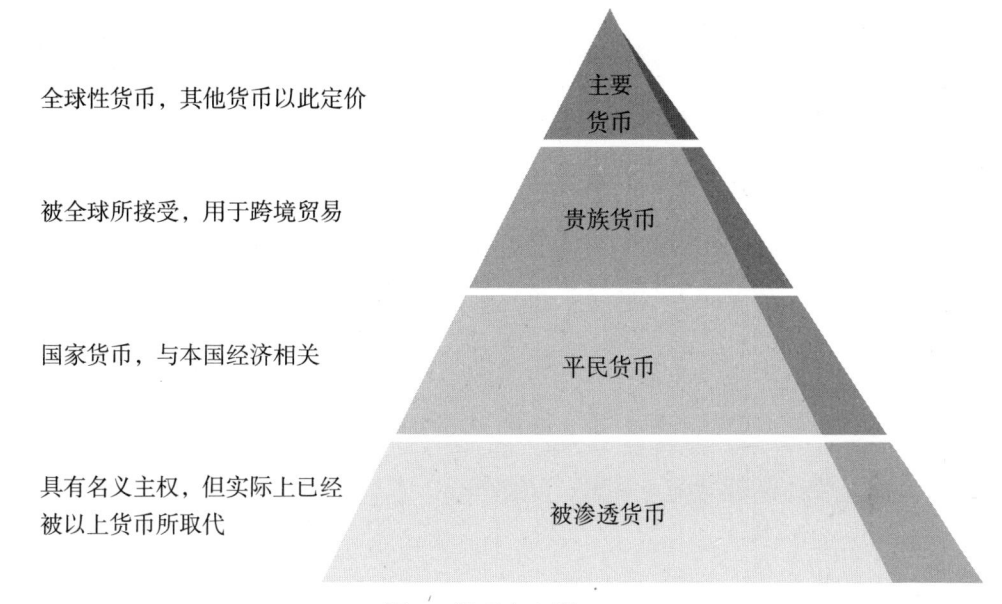

**图1 货币金字塔**

所使用的**贵族货币**；第三种，在货币使用地区内运作良好，但很少被其他地区所使用的**平民货币**；第四种，**被渗透货币**——虽然依旧存在，但在重要交易中已经被其他货币所取代。

举个笔者亲身体验过的关于第四种货币的例子：很多年前，笔者在一个发展中国家居住过一段时间。在该国，所有重要的交易都以美元进行，当地货币仅用于购物或运输等日常交易。当人们攒到了一定数量的当地货币后，就会将其兑换为美元。因此，美元交易已经渗透到当地的经济贸易中。

金字塔非常稳固（正因为如此，它已经成为一种视觉隐喻），而且如科恩所说，没有任何迹象表明全球货币体系中正在出现多极化现象。国际货币基金组织经过详细研究发现，几乎找不到多种货币竞争的证据

[科恩和本尼（Benney），2014年]。实际上，情况恰恰相反。现在存在各种各样的贵族货币（如英镑），不过，对于一代人来说，这些货币并没有太大的变化（德国马克和法国法郎加起来约占全球储备货币的五分之一，与现在欧元所占的份额完全相同）。

货币的稳定性完全是人们想当然的。在科恩看来，没有国家愿意像美国那样滥用其本来就已经高得离谱的特权，来提高或维持本国货币需求度。为了避免美元被抛弃，美国可以采取减少赤字、促进出口及改革金融监管体制等措施（科恩，2015年）。

## 美元的优势

科恩之所以关注这个问题，是因为美元作为主要货币在成为全球处于主导地位的货币后，为美国经济带来了巨大的好处，也为美国的外交政策提供了支持。美联储达拉斯分行行长罗伯特·卡普兰（Robert Kaplan）说过，思考加密货币和数字货币时，强化了这样一种观点，即美元可能永远不会成为世界的储备货币。如果这种情况发生变化，就相当于给200000亿美元附加100个基点[1]的增长，即每年增长2000亿美元。这会是一个大问题[科诺（Keoun），2019年]。

作为领头羊，美国在美元上获得了可观的"铸币税[2]"。美国财政部

---

[1] 100个基点，即1%。——译者注
[2] 铸币税，是指货币铸造成本低于其面值，进而产生的差额。——译者注

## 第1部分　数字货币

印的100美元钞票比1美元钞票多。也就是说，正在流通的"本杰明·富兰克林（Benjamin Franklin）[①]的照片"超过了70亿张。最近的估算表明，约有五分之四的100美元面值的钞票在美国境外。

美元由美国财政部印制，由美联储发行。美国中央银行向财政部支付生产成本（一张纸币大约10美分），然后将这些纸币按面值兑换成支付利息的证券。美联储发行的货币越多，利息就越多。每年，会有数十亿美元的铸币税返还给美国财政部［阿佩尔鲍姆（Applebaum），2011年］。

除了向外国人出售美元钞票获得收入外，美国还以此通过国际货币基金组织输出他们的硬实力和软实力。如果货币金字塔重组的话，美元的这种力量将会受到严重的制约。

为此，世界需要一个技术平台来促使货币金字塔重组，这将在本书第一部分"数字货币"中进行描述。同时，世界也需要有助于促使货币金字塔重组的社会、政治和经济环境，这将在第二部分"变革的动力"中进行描述。在技术平台和环境不断变化的条件下，这个看似稳定的现代货币金字塔，不仅有重组的可能，而且这种可能性还非常大。货币金字塔如何变化以及这种变化将产生什么样的影响，我们需要在充分了解情况后才能做出推断。其中一组较为严重和重要的结果将集中在新旧、私有和公有，以及西方和东方模式之间的竞争上。这正是本书第三部分的主题。

没有人知道即将到来的货币寒战的结果会如何，但是笔者对如何制定数字货币国家政策有一些想法。笔者会把这些内容放在本书的尾声中。

---

[①] 本杰明·富兰克林的照片被印在100元美钞上。——译者注

# 第1章　什么是数字货币

数字现金的历史向我们生动地展示了如何用货币和技术讲述关于未来的故事。

——芬恩·布鲁顿（Finn Brunton），

《数字现金》（*Digital Cash*），2019年

数字货币是什么？数字货币就是一种数字化的货币，它已经成为一种记账单位、价值贮藏手段和交易媒介。数字化的货币又是什么？它是一种电子形式的货币，可以作为价值贮藏手段。它是虚拟的、数字化的[1]，它存在于芯片和计算机中，而不是口袋和钱包里。

数字货币，就是电子形式的货币。不过，人们在讨论数字货币的时

---

[1] 如果你对模拟计算机是否曾用于金融领域感到好奇，可以去看看国民收入模拟货币计算机（又称"MONIAC"）。MONIAC计算机诞生于1949年，这一两米高的模拟计算机运用彩色水体的流动，围绕水槽、管道、闸门和阀门系统以呈现一个国家经济的储蓄和流动。

# 第1部分　数字货币

候,通常所指的不只是一种电子形式的货币。毕竟,我们已经有了很多种电子形式的货币。在发达市场中,几乎所有的货币都是电子形式的,只有很小的一部分货币是以纸币和硬币的形式在市场中流通的。当人们谈论数字货币的时候,他们实际讨论的是数字货币是否要继续发展下去,完全取代现金。这样发展下去的话,数字货币不是简单地要取代现金价值贮藏职能,而是要取代现金交易媒介的地位。

在互联网刚刚出现的时候,人们就希望能用电子形式的现金来取代实物形式的现金。该领域最早的企业之一——CyberCash公司[①]的创始人丹尼尔·林奇（Daniel Lynch）和莱斯利·伦德奎斯特（Leslie Lundquist）在互联网的早期阶段就曾写道：

> 数字货币是什么？数字货币就是替代现金的电子形式的货币。人们可以储存、转让数字货币。数字货币不能被伪造,它是新世纪的楔形文字。数字货币被写入数字现金公司[②]（DigiCash公司）的主页中,它被解释为"数字即货币"。

笔者喜欢他们用"楔形文字"来隐喻数字货币,古巴比伦的楔形文字起源于会计记录。

丹尼尔·林奇和莱斯利·伦德奎斯特使用了一组经典案例来解释电

---

[①] CyberCash公司,该公司提供电子现金结算服务,并提供多种互联网结算服务。——译者注
[②] 数字现金公司,在荷兰成立的电子现金公司,致力于开发电子支付技术。——编者注

子现金[1]的定义。笔者称之为电子现金定义的硅谷标准（SVS）：

> 游说者爱丽丝（Alice）可以将电子现金作为选举捐赠款转账给国会议员鲍勃（Bob）。这样的话，第三方，如报社记者夏娃（Eve），就无法确定是谁捐赠的这笔资金。
>
> 鲍勃可以把爱丽丝捐赠给他的电子现金存入选举账户，银行也无法得知是谁捐赠的这笔资金。
>
> 但是，如果爱丽丝使用相同的电子现金贿赂两名不同的国会议员，那么银行就可以检测到这一点。如果国会议员鲍勃试图将爱丽丝的捐赠款存入两个不同的账户，银行也可以检测到这一点。

匿名性是创造"完美"的替代现金的电子现金的关键。这种想法充斥了电子现金发展的早期阶段。下述观点是2003年经济学家罗伯特·古特曼（Robert Guttman）对此事的看法（古特曼，2003年）：

> 当人们和公司发现电子现金像现金一样无法追踪时，就会使用它们。

笔者认为电子现金获得官方的许可是不会实现的。不过，官方是否能够对此做点什么是另一回事。关于这一点，我们在后面探讨数字货币

---

[1] 电子现金，一种不受监管的数字货币。——译者注

## 第1部分　数字货币

应该为新经济做出什么贡献时会提到的。

现在继续这种思路，把电子现金当作电子货币的一种形式。电子货币和电子现金之间的关键区别：如果一个人想付钱给你，那么这个人可以将电子货币转入你的银行账户，不过，他无法使用英国巴克莱银行（Barclays Bank）推出的Pingit或Venmo等移动支付应用软件将电子货币放入你的口袋，只能把它存入某个银行账户里。而电子现金就像实物现金一样：如果一个人将电子现金给你，那电子现金就属于你。你可以根据需要将电子现金存入银行，也可以将其保存在智能手机中，这完全由你决定。

维萨卡（Visa）、万事达卡（Mastercard）、运通卡（Amex）和发现卡（Piscovery），以及银联（Unionpay）等其他公司已经为地球上大部分人提供了便捷的电子货币，而且做得非常出色。在澳大利亚悉尼或者乌兹别克斯坦撒马尔罕下飞机后，可以使用以芯片密码形式付款的运通卡支付酒店费用，但是，还不能像寄照片那样容易地把电子货币寄给世界上的任何一个人［借用脸书总裁马克·扎克伯格（Mark Zuckerberg）的话］。这就需要电子现金。

从新互联网时代早期［可以追溯到1994年，即网景通信公司（Netscape）上市之年］到现在，数字货币树一直在演进，数字货币的发展已经不仅仅是一种可能性，而是确凿无疑的了。

## 不断演进的数字货币树

为了了解数字货币的工作方式，我们有必要先看一看数字货币演进树——虽然并非详尽无遗,但你会明白,笔者为什么认为它将以特定的方式发挥作用。

我们可以看到,创造数字货币意味着要解决表1-1所提的两个基本问题:身份问题和价值问题。如果你要将数字货币转移给一个人,那么这个人需要知道数字货币是你给他的,以及数字货币的价值是真实的。为了回答这两个问题,我们必须解决一些不同的相关问题。

表1-1 数字货币问题

| 基本问题 | 身份问题 | 价值问题 |
| --- | --- | --- |
| 问题是什么 | 我怎么知道这是你的钱? | 我怎么知道这钱是真的? |
| 待验证问题 | 身份验证问题 | 价值真实性问题 |
| 如何解决 | 智能设备 | 智能密码 |

数字货币的演进过程中,在数字货币支付市场自然选择的压力下,出现了解决身份验证问题和价值真实性问题的新技术。

## 身份验证问题

互联网刚出现时,身份验证仅意味着一件事:密码。人们证明自己有权做某事的方式,即通过使用密码对某些虚拟身份进行身份验证。

不过,密码有局限性。因为部分密码很容易被窃取或被猜测出来。为了确保使用密码的支付系统的安全运行,需要在支付系统的后端采取大量的防欺诈保护措施。目前,我们根本无法通过简单地使用密码来运

## 第1部分　数字货币

行用户众多数字货币支付系统。我们必须继续努力。

从广义上讲，我们假设在数字货币支付系统中，"数字即货币"，并使用现代加密技术进行系统保护，那么就表明，用户可以控制这些数字。这直接说明了另一个问题，那就是用户可以直接控制密钥。这正是笔者在维特罗斯超市（Waitrose）中使用约翰·刘易斯（John Lewis）万事达信用卡时发生的情况。万事达信用卡中有一个芯片，芯片中包含用于验证数字签名的密钥。通过输入正确的密码，从本质上讲，信用卡持有者就证明自己可以使用该密钥，从而资金就可以从金融服务的账户转账到维特罗斯超市在某家银行的账户中。

因此，在现代社会，问题归根结底在于，人们要证明自己拥有密钥的所有权。人们每天都在这样做：在公交车读卡器前使用你的iPhone手机显示乘车码；把银行卡塞进商店的支付终端后输入密码，支付费用；在线购物时输入印在信用卡的背面的安全码。密码有不同的安全等级。人们使用iPhone手机时要记住登录密码，使用信用卡进行支付时要用正确的指纹，并知道信用卡背面印着的三位数的安全码。这些都属于验证"元素"。通常而言，在进行小规模交易时，人们倾向于使用一个元素进行身份验证；在进行中等规模的交易时，人们倾向于使用两个元素进行身份验证；在进行更大规模的交易时，人们则倾向于使用三个或更多的验证元素。

身份验证问题已经阐述清楚了，对此不再赘述。虽然现在身份认证问题还有点麻烦，但不会持续太久。笔者可以用自己之前的经历予以说明。笔者曾给银行打电话询问新的服务，但是当时什么也不想买，只是

问问关于银行账户的问题。作为某个银行很多年的用户，当笔者像往常那样给该银行打电话时，他们要求使用一项可以公开的信息验证自己的身份，如自己生日日期、母亲的姓氏。然后，他们又问了一连串的问题。他们知道这些问题的答案，而笔者早就忘了。在这种情况下，他们也会问近期因工作去过国家相关的一些问题。然而笔者不可能记住几个月前去过的所有国家。为什么要记住这些？但是，笔者曾在这些国家使用过金融应用软件，因此，银行知晓了这些信息。

通过上述介绍，你应该可以明白，通过用户使用过的金融应用软件，银行不仅知晓用户是谁、用户在哪儿，而且还知晓了用户干过什么。银行知晓了用户的一切信息，虽然看起来银行不能用这些信息做太多事，但其实它们应该用这些信息做些事情！银行和移动运营商结合在一起确实应该为用户提供一些特殊的服务。如个人识别码（术语汇编：PIN）和密码可以用于被动身份验证：智能手机中运行的软件可以用于检查用户如何拿着手机、去了哪里、做了什么，以及用户的打字方式等。这样，用户下次给银行打电话时，银行就不会再问用户有关其母亲的姓氏或个人识别码的问题，因为银行应该已经知道打电话的是不是用户本人了。

"用苹果账户登录"等类似服务的推出，将加速一个非常有益的趋势，即对防篡改硬件中存储的加密密钥进行有力的本地验证。密钥不会像现在一样储存在银行卡的芯片中，而是储存在手机的芯片中。因此，当用户对iPhone手机说："Siri（苹果公司推出的智能语音助手），向大卫·伯奇发送10个维塞克斯（Wessex）电子银币"时，将有一份可

# 第1部分 数字货币

审核的记录，表明用户作为上述银币的所有者，授权将电子银币转给大卫·伯奇。

**价值真实性问题**

　　如果你给一个人一张纸币，那么这个人需要知道纸币是不是真的。而如果你给一个人数字货币的话，那么这个人不仅要知道数字货币是不是真的，还要知道你有没有把数字货币转给别人。在现实世界，价值真实性问题很容易解决，可是在数字世界就没那么容易了。但是在数字世界，价值真实性问题必须解决。因为人们把在金融机构账户中电子形式的货币转变为可以持有的数字货币，就意味着有可能会把数字货币转变为电子现金。正如人们在电子现金发展初期就已经了解到的那样，电子现金世界的关键问题是重复支出。这是电子现金发展的症结所在，也是电子现金的架构基础。

　　首先，伪造货币的行为显然对任何货币都构成根本性威胁，所以，伪造货币的人一直以来都会受到非常严厉的惩罚。公元1世纪，当货币以铜的形式作为"现金"首次在中国出现时，对于伪造货币的人的惩罚是在其脸上纹字（鲸刑）[库利（Cooley），2008年]。在中国唐朝，官员在上任时，会承诺"严惩制造假币的人，严惩制造假币行为"。

　　如何阻止有些人伪造电子现金或将同一笔电子现金转给不止一个人的行为呢？加密技术在防伪和检测造假方面确实可以发挥很好的作用，因为伪造数字签名是不可能的（本书中不会深入探讨数字签名的工作原理，但是数字签名确实存在）。因此，在数字货币世界中，伪造货币的

问题很容易解决。

不过，电子现金重复支出的问题确实更难解决。归根结底，只有两种方法可以防止电子现金重复支出：系统在线时，通过某种数据库来防止未经授权的价值复制；系统离线时，则是将价值存储在无法复制的防篡改硬件中。

最开始，电子现金用户拥有数据库。不幸的是，如果你尝试使用硅谷标准的电子现金，会发现其存在一个明显的问题：用户没有隐私。因为数据库操作员始终可以准确地看到发生了什么。正如我们稍后将看到的那样，加密技术可以提供一些反直观的服务。电子现金的先驱者之———DigiCash公司的创始人大卫·乔姆（David Chaum）发现了如何使用加密技术来建立集中式数据库，而集中式数据库可以保护用户隐私。

### DigiCash公司

大卫·乔姆早在1990年就与荷兰政府签订了合同，在荷兰阿姆斯特丹成立了DigiCash数字现金公司，开发和测试用于高速公路通行费匿名支付的技术［莱维（Levy），1994年］。乔姆提出了一种被称为"盲签名"的概念，并提出了加密技术领域的许多其他概念。这意味着，电子现金发行人（如银行）可以使用加密技术完全确定该电子现金的价值真实性，但是却不能知道电子现金被发送给了什么地方的什么人。

# 第1部分　数字货币

进入互联网时代后，当时DigiCash公司的电子现金产品在这种新的在线环境中可以很好地运行，这意味着在数字空间可以实现电子现金匿名性。几家银行签约试验DigiCash数字现金公司的新系统，但均未成功。DigiCash公司最终于1998年申请破产。事实证明，消费者对电子现金的匿名性不感兴趣，并完全满足于使用信用卡在线购买商品的状况。消费者认为：如果我必须在银行开户才能使用电子现金，那么使用从银行申请的信用卡也没什么不好。

当然，如果你不知道电子现金被发送给了谁，就必须防范电子现金重复支出的问题。DigiCash公司建立了数据库来记录已使用过的电子现金。这样，当有人向你发送电子现金后，就可以通过检查数据库来确保其未被使用过。

DigiCash公司的尝试非常可贵：用个人电脑和互联网创造了一种以个人为中心的新型支付网络，这其中包含了很多对日后加密技术发展具有重要影响的思想。同样重要的是，DigiCash公司还提供了生动的一课，让人们知道如何让一种全新的在线形式的货币能够成功运转。

在DigiCash公司成立的同一时间，英国的国民威斯敏斯特银行（NatWest）也决定在数字货币方面进行一次大胆的尝试：制订一个允许

真正的人对人转移价值的方案，将电子现金投入大众市场中。不过，国民威斯敏斯特银行决定利用硬件而不是数据库来防止电子现金重复支付的问题。

### 蒙德克斯（Mondex）电子钱包

蒙德克斯电子钱包是蒂姆·琼斯（Tim Jones）和格拉海姆·希金斯（Graham Higgins）于1990年在英国国民威斯敏斯特银行开发的。虽然国民威斯敏斯特银行在全球范围内启动了试点计划，但由于蒙德克斯电子钱包的技术局限性和商业模式局限性，未能让其成功"跨越鸿沟"，所以蒙德克斯电子钱包并未正式投入使用。人们要使用蒙德克斯电子钱包需要先拥有一张蒙德克斯智能卡，但是，这张卡并不方便领取。笔者还记得第一次去银行取蒙德克斯智能卡的情况，进去的时候拿着50英镑，想把钱存到智能卡上。首先，要领取蒙德克斯智能卡，需要先开设一个银行账户，填写一些表格，然后再等着银行把卡寄给开户人。大多数人都不会费劲儿去做这些，所以，实际上银行只发行了大约1.4万张蒙德克斯智能卡。

当你最终拿到蒙德克斯智能卡后，必须去自动柜员机上把钱存到智能卡里。参与该项目的银行选择了一种特别疯狂的方式来使用自动柜员机的接口。首先，你必须拥有一个银行账户

## 第1部分  数字货币

> 才能获得这样一张蒙德克斯智能卡,这意味着你还需要拥有一张能在自动柜员机上使用的银行卡。如果你想把钱存入蒙德克斯智能卡里,则必须带着能在柜员机上使用的银行卡去自动柜员机那里,把银行卡插入自动柜员机中,输入密码,然后选择"蒙德克斯价值"(Mondex value)或柜员机菜单上显示的相关内容。最后,你才能将蒙德克斯智能卡插入机器。大多数人都不会找这个麻烦。因为人们带着银行卡去自动柜员机那里,只是为了去取现金,人们大多都是这样。

当时,许多其他基于智能卡的电子钱包诞生了,如维萨现金(Visa Cash),但这些电子钱包都是以银行账户为基础的,因此,无法实现智能卡到智能卡(设备到设备)的直接价值转移的模式。同时,DigiCash公司也不是当时唯一开发出基于数据库的电子现金软件的公司。当时,基于各种加密技术创造"硬币"的软件包括:美国数字设备公司(DEC)的安全微支付系统Millicent、QPass管理软件和eCharge软件等[埃塞克斯(Essex),1999年],还有使用不同价值形式的各种实验(如电子黄金、Beenz虚拟货币和Flooz虚拟货币等)。

虽然,人们在电子现金软件方面进行了很多创新,但是都没能击败银行及银行现有的支付系统。银行也发现,他们都很难从电子货币转换到电子现金。不过,不仅美国在进行这种尝试,全世界都在探索电子现

金软件的解决方案。早期的例子包括赛博币（CyberCoin），在英国也被称为巴克莱币（BarclayCoin）。

### 巴克莱币（BarclayCoin）

　　笔者从一开始就非常重视米尔顿·弗里德曼（Milton Friedman）提出的关于互联网支付的需求。有很多人有相同的需求。1997年，笔者参加了一项关于互联网支付的基础实验（伯奇，1998年）。在该实验中，笔者和同事们选择了巴克莱银行的巴克莱币计划。该计划是在美国互联网支付先驱CyberCash公司开发的电子货币赛博币（CyberCoin）的基础上设计的。巴克莱币计划是以软件为基础，需要用户在计算机上从巴克莱银行网站下载免费的电子钱包，然后用信用卡给电子钱包充值，以获得可以在网上花费的数字货币。

　　用户有了电子钱包后，就可以上网买东西。当用户点击要购买的数字产品的链接时，就会收到该产品的加密版本。该版本会触发电子钱包，要求他们确认付款，用户确认后，电子钱包中的余额会减少，款项会划入所购买的数字产品的商户的账户中。随后，用于解密加密版本的数字产品的密钥会提供至用户的电子钱包中，用户就可以使用该数字产品了。当用户消费时，款项会划入商户在巴克莱币的账户中，但巴克莱银行要从

# 第1部分 数字货币

付款金额中收取25%的服务费。这项费用看起来很高，但对于涉及数字产品的小额支付来说收取这个比例的服务费是常见的。实际上，这与苹果公司通过其应用商店销售收取的30%的佣金的性质差不太多。

在巴克莱币计划的实验中，我们决定出售网站图书馆中最受欢迎的论文的"解锁"版本。我们想看一看，即使用户可以看到免费版本的论文，是否也愿意付费下载更有用的版本的论文。答案是，他们确实想这样做。这几个月的实验表明，在下载文件的人中，大约有7%的人愿意为看到论文更多的内容付费下载解锁版本。此外，如果网站支持令人满意的付款方式，也会有更多人愿意购买。在下载了免费版本的论文的人中，有很大比例的用户都点击了该解锁版本论文的购买链接。论文的价格在1英镑至2.5英镑之间。但是，用户在点击论文的购买链接后便放弃了，因为他们不愿意去安装巴克莱币的电子钱包。

内容供应商及时开发了以订阅为基础的诱人业务模式。至少在互联网发展的初始阶段，内容供应商发现以订阅为基础的商业模式更易于操作，然而基于订阅的业务模式可能已经达到峰值。笔者赞同著名风险资本家弗雷德·威尔逊（Fred Wilson）的看法，他在对过去十年的回顾中写道：人们已经开始抵制过度订阅的情况。许多用户订阅了超出其阅读需求甚至超出其经济承受能力的内容（威尔逊，2019年）。笔者订阅的网飞（Netflix）、亚马逊（Amazon Prime）、天空体育（Sky Sports）和《经济学人》(*The Economist*)会员等，这些订阅费加起来已经是一笔不小的费用了。因此，也许当我们解决了比特币的使用问题，并有更多对用户友好的数字产品的选择后，才应该重新讨论电子现金小额支付模式的问题。

技术限制和以订阅为基础的业务模式相结合，让这些试图创造全新商业模式的人均无所成。加密解决方案过于复杂，商业解决方案不支持个人对个人的转账，而网页浏览器无论如何都不能支持加密或身份验证［格林（Green），2018年］。看起来，似乎没有哪个人的解决方案能受到认可。

然而这时，贝宝（PayPal）来了。

---

### 贝宝

公司成立于1998年，起名为康菲尼迪（Confinity），致力于为手持设备（如PalmPilot掌上电脑）开发安全软件。贝宝原本是康菲尼迪公司内部开发的一种汇款服务的名称，正如《经济学人》当时所观察到的那样：贝宝更像是真正的数字货币，因为它既允许用户与商家交易，又允许用户之间相互交易(《经济学人》，2000年）。

# 第1部分　数字货币

此外，当时也出现了许多电子邮件支付服务。还有人记得花旗银行于2003年关闭的c2it网络支付服务，或者同时启动的雅虎的PayDirect[①]在线付款服务，还有易趣（eBay）的Billpoint支付服务吗？

2000年，康菲尼迪公司与埃隆·马斯克（Elon Musk）的在线银行创业公司X.com合并，埃隆·马斯克很快终止了其他业务，专心从事转账业务。合并后的公司更名为贝宝，并于2002年上市，很快便被易趣收购（当时大约有四分之一的易趣拍卖业务的款项是通过贝宝支付的）。

2005年，有近十分之一的英国人拥有贝宝账户。贝宝公司还收购了威瑞信公司[②]（VeriSign）。贝宝公司不断成功地发展并改进其服务。在成立后的第一个十年里，贝宝公司在25个国家拥有1亿的用户。

2011年，贝宝公司收购了移动支付供应商Zong[③]。在2013年，贝宝公司又将支付平台Braintree和电子钱包Venmo收入囊中，进一步巩固了在用户和商家中的地位。

---

① 读者可参阅"花旗放弃在线P2P支付服务"[美国银行家（American Banker），2003年]和"雅虎！提供买方和卖方个人对个人付款选项"[金融电子商务（E-Commerce in Finance），2000年]。
② 威瑞信公司，一个提供智能信息基础设施服务的上市公司。——译者注
③ Zong，由大卫·马库斯（David Marcus）领导，后面将讲到更多相关内容。

2015年，贝宝公司从易趣分离出来。贝宝公司为了加强国际业务，收购了数字汇款公司Xoom。又在2018年，贝宝公司以数十亿美元的价格收购了瑞典移动支付公司iZettle（这是贝宝公司迄今为止最大的收购）。在笔者撰写本书时，贝宝公司每季度为集团创造的收入超过了40亿美元（如图1-1所示）。

（单位：百万美元）

注：Q1为第一季度，Q2为第二季度。

图1-1 贝宝2010—2019年收入情况

贝宝公司是一个惊人的成功案例，很快就在金融领域占据了一席之地。特别是贝宝公司通过收购Braintree支付平台和Venmo电子钱包，很快便成为美国人财务生活中不可或缺的一部分。但是，从某种意义上讲，贝宝公司并不具有革命性的意义：除了表面上的便利性，一切仍然在旧的轨道上运行。

## 第1部分  数字货币

DigiCash等公司推出的关于银行主导的支付基础设施的替代产品遭遇了失败。随着国际卡业务和国内支付网络持续发展增长，一些观察家在2005年前后开始怀疑，银行主导的支付基础设施的替代品是否能够真正启动。随着M-Pesa[①]的到来，这种观点发生了变化。

> ### M-Pesa
>
> M-Pesa非常重要，我们需要从多个角度来分析它的起源和发展轨迹。早在2003年，肯尼亚的Safaricom公司就已经成为当地领先的移动运营商，并占有当地一半以上的市场。该公司希望通过发展手机贷款业务来提高非洲的贷款发放效率，因此，该公司向英国国际发展署（DFID）提交申请，寻求配套资金。该公司的申请获得批准后，M-Pesa诞生了。M-Pesa于2005年启动，一年之内就获得了200万用户，每天大约有150万美元的贷款申请。从一开始就很明显，M-Pesa的业务模式以及用户的使用业务模式与其他产品完全不同，特别是企业也开始使用M-Pesa。企业开始向M-Pesa存入现金（将M-Pesa用作"夜间保险箱"），并通过M-Pesa进行交易和支付工资。很快，数百家企业开始使用M-Pesa用于支付。

---

① M-Pesa，电信运营商推出的移动银行服务。——译者注

> 总之，建立在新技术之上而非传统基础设施之上的非银行支付系统，已经以创造者无法想象的方式改变了人们的生活。M-Pesa使人们能够在与其手机号码关联的账户中存入和提取现金，这取得了令人难以置信的成功。在肯尼亚，有超过三分之二的成年人使用了M-Pesa，成千上万的代理商使用户可以使用M-Pesa存储现金或进行支付。在看待这些数字的时候，我们要想一想，肯尼亚的各家银行花了一个世纪的时间，才拥有了1000个分支机构、1500个自动柜员机和10万个信用卡客户。
>
> 我们从该项目中得到的一个重要教训：银行主导的解决方案是不会像M-Pesa那样引发创新性革命的。M-Pesa成功的关键在于，它源于电信文化，并被当作其他人也可以参与建设的基础设施。21世纪的大众市场支付系统，让我们实现了无现金学校、移动支付以及电子卫生服务，支付系统的应用范围之广令人难以置信。2020年，肯尼亚的移动货币交易量将达30亿笔，而且几乎所有交易都会通过M-Pesa完成。

让我们回顾一下。从用户在金融机构账户中持有的数字货币转变为可以在任何地方持有的数字货币，就意味着要解决从电子货币向电子现金转变的真实性问题。正如在数字货币初期理解的那样，电子现金世界

## 第1部分　数字货币

中的关键问题是身份验证问题（已经解决）和价值真实性问题（已经解决）。上述这些问题至关重要，它们为电子现金的发展提供了基础。

M–Pesa是一种电子货币。当有人访问M–Pesa代表价值的数据账户时，它会通过防篡改硬件来对访问请求进行验证。贝宝也是一种电子货币，它使用软件和一些大型反欺诈后端系统来对访问请求进行验证。DigiCash公司推出的电子现金是使用软件的电子现金。蒙德克斯电子钱包也是一种电子现金，它使用防篡改硬件存储代表价值的数据，并对访问数据的请求进行验证。

但是，无论是蒙德克斯电子钱包、DigiCash公司的电子现金还是任何其他类型的电子现金，这些都需要有一个系统"操作员"，且必须有人来确保系统正常运行。不过，聪明的电子现金系统开发人员渴望找到一个不需要"操作员"的系统。但是，电子现金系统开发人员遇到了相同的问题：如何在没有防篡改硬件或中央数据库的情况下解决价值真实性问题。

2008年，有人提出了一种真正全新的形式来整合数字货币技术——加密货币。当然，这就把比特币带给了我们。我们在此不需要深入了解比特币的历史 [在这方面，笔者强烈推荐保罗·维格纳（Paul Vigna）和迈克尔·凯西（Michael Casey）所著的《加密货币时代》（*The Age of Cryptocurrency*）]，但需强调一些与我们对数字货币形式的讨论有关的观点。

## 比特币

比特币的故事已广为人知。有个人，或者说一个身份不明的人，借中本聪（Satoshi Nakamoto）这个假名（术语汇编：Pseudonym）发布了白皮书，阐述如何在没有中央系统操作员或中央数据库的情况下，创建一个点对点的数字货币系统（中本聪，2008年）。

比特币系统的核心是三个主要概念：用共享账簿替代中央数据库；使用新的共识技术构建没有中央协调员的账簿（这就是使用"工作量证明"来确定账簿版本是否正确的"中本聪共识"）；使用一种特殊的数学难题来激励"工作量证明"。这也消除了将加密密钥绑定到价值管理方案的想法，因为拥有密钥就拥有一切。

我们都很了解用于实现上述概念的技术，但是中本聪所做的重大突破：通过将这些概念组合在一起，把激励机制嵌到了形成共识的过程中（"采矿"），为生态系统提供了能量［布鲁顿（Brunton），2019年］。

在没有任何类型的协调员的情况下，记账簿是管理价值的根本方法。这就完全可以理解，为什么评论者会特别关注比特币中记账、共识和激励机制（统称为"区块链"）的特定组合。正是这种组合赋予了比特币近乎神奇的力量。

# 第1部分　数字货币

> 最初，比特币只是一个实验。但是，后来有人在2010年以一万个比特币（2020年价值几千万美元）买了两个比萨，为比特币赋予了实际的价值。从那时起，投机者就开始买卖这种全新的数字资产，以一种无法复制的数字资产所有权来制造（和失去）财富。
>
> 比特币引入了可编程性，也为新的工作方式埋下了种子。对于某些人而言，智能货币（即拥有自己的应用程序的货币）这一发明，实际上比点对点支付系统更有趣。

如图1-2所示，比特币在诞生后的十年里，其价值已经发生了不可预测的变化。因此，人们开始谈论创建一种更适合主流的加密货币——稳定币。不过，笔者不认为价值的不可预测性是比特币没有被人们充分接受的原因。为此，笔者将重新回顾DigiCash公司的电子现金和蒙德克斯电子钱包等其他案例。很多人根本没有需要用比特币解决的问题（抵制审查），而他们真正需要解决的问题（一般来说是指对简单和可靠性的需要），比特币也解决不了。

无论你是否认为比特币将取代中央银行的货币，我们现在都已经开发出了一种用于电子现金的"元技术"，让电子现金能够摆脱金融系统和中介机构。我们可以创建全新的数字货币形式——加密货币。

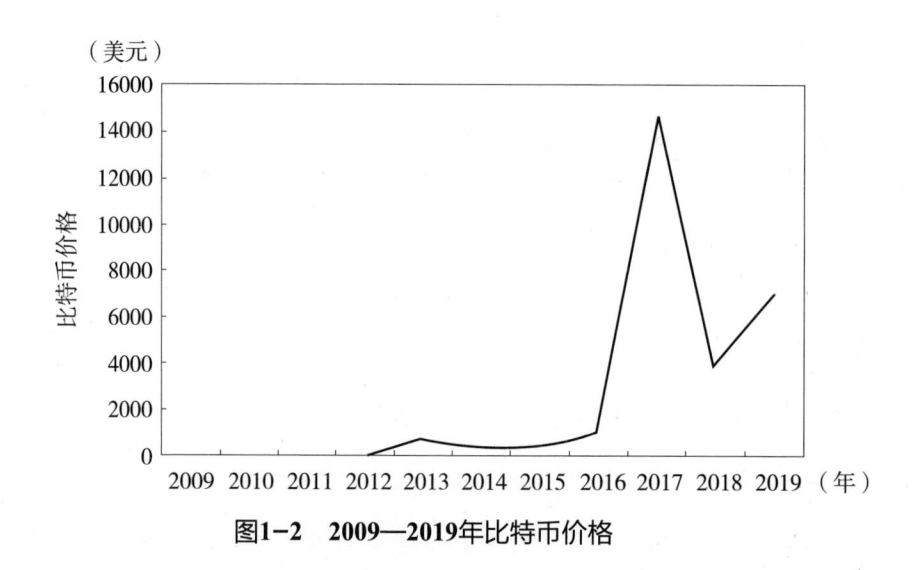

图1-2　2009—2019年比特币价格

## 数字化和加密货币

围绕数字货币展开的许多讨论都很令人沮丧。很多人在评论时会随机使用"虚拟货币""电子现金""加密货币"和"数字法定货币"这些词，这让评论变得毫无意义。因此，在进行进一步研究之前，为了让人们的讨论更加富有成效，我们需要花些时间来构建一个相应的框架。该框架的关键作用就是区分数字货币和加密货币这两个概念。它们之间当然是有关系的，但存在差别。

数字货币树发展到今天，从本质上讲，元技术可以让任何人使用加密货币的技术来创建自己的数字货币。在研究如何使用加密货币的技术来创建数字货币之前，我们要先看看数字货币和加密货币的细微差别。可以肯定的是，创建数字货币将会使用加密货币的技术，只是和现在的

# 第1部分　数字货币

使用方式不一样。

让我们先从一个大问题开始：主要货币或贵族货币的数字货币会成为加密货币吗？答案很可能是否定的。不过，我们可以使用加密货币的技术作为基础，在此之上创建数字货币。凯文·韦巴赫（Kevin Werbach）提出了一种非常有用的分类法（韦巴赫，2018年）：

- **加密货币**，即无须中心控制点，有网络即可安全地转移价值。
- **区块链**，即网络可以跨越信任边界就信息集体达成共识。
- **加密资产**，即虚拟货币可以"金融化"为可交易资产。

如图1-3所示，笔者对数字货币有一个略有不同，也更被广泛接受的解释。区块链只是一种可用于传输数字价值的共享账簿。韦巴赫的总结非常好，他认为，加密货币是一个革命性的概念，但是，尚无法确定这场革命能否成功。他认为，共享账簿和用共享账簿来管理的资产可以改变游戏规则，本质上是一种进化。这些资产（笔者将其称为"数字化不记名工具"）和技术的来源可以追溯到很久以前的DigiCash公司的电子现金和蒙德克斯电子钱包。

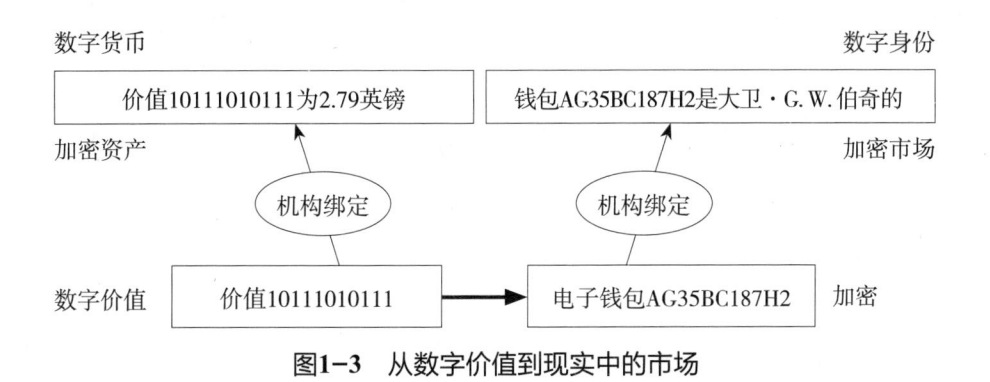

图1-3　从数字价值到现实中的市场

## 数字货币战争

我们构建一个价值转移层,可以使用也可以不使用区块链技术,无论如何构建价值转移层,它都可以将数字价值从一个存储区域("钱包")安全地转移到另一个存储区域。然后,我们在此之上构建一个加密资产层,将数字价值关联到现实世界中的某些事物上。当然,请注意,该加密资产层可以为空,而数字价值本身是交易的价值,就像比特币一样。这样,我们就拥有了某种形式的数字货币。我们构建一个加密市场层,将电子钱包关联到现实世界中的实体(如人、公司)上,为我们提供数字身份。

在这种情况中,价值转移是在钱包之间进行的,不用清算或结算,所以,数字货币是一种数字化不记名工具,持有数字货币密码、密钥的人持有数字价值,无论该价值是一美元,还是"蒙娜丽莎"的千分之一,或者是存在于某处的黄金。我们可以通过被称为"智能合约"(笔者称其为"共识应用")的计算机协议来交换该数字化不记名工具。这些不记名资产被统称为"代币"。

## 加密货币

当你了解了电子现金的技术和历史后,就已经进入了加密货币的世界。电子现金的历史就是用金钱和技术来叙述未来故事的生动案例(布鲁顿,2019年)。电子现金道路上的每一步都是人们将其对未来的社会、经济和政治愿景植入的结果。我们将在下一章中讨论关于作为催化剂的技术的主题。这就是为什么我们必须清楚地区分加密货币和数字货币。

## 第1部分　数字货币

国际清算银行对加密货币有明确的定义，将其描述为由供求决定价值的资产，其概念与黄金等大宗商品相似（国际清算银行，2015年）。与那些商品完全不同的是，加密货币没有内在价值。国际清算银行还有相对重要的进一步的叙述：利用相应技术，加密货币可以在没有信任或中介的情况下进行交易。国际清算银行还指出，加密货币尽管没有传统的中介机构［如电子货币机构（术语汇编：ELMI）。电子货币机构在资产负债表上将数字货币列为负债］，但是会有新型的中介机构提供价值链上的技术支持服务。

国际清算银行表示：我们可能会淘汰旧的制度，用新的制度代替它们。事实证明确实如此，专业人士在尝试创建基于区块链的替代金融系统［通常称为"去中心化金融"（术语汇编：DeFi）］时，发现很难进行扩展［克虏伯（Krupps）和墨菲（Murphy），2019年］。"去中心化金融"是初创企业正在尝试建立一个以加密货币命名的连锁金融系统。该连锁金融系统在全球范围内提供各种各样的点对点借贷和衍生产品服务，该系统中没有任何中间商，但也有系统性风险。去中心化金融产品的发展计划都依赖于它们所建立的协议，如以太坊（Ethereum）。以太坊在扩展发展空间方面也有自己的问题，还记得在以太坊平台运行的游戏"加密猫"吗？它们还依赖"推动"这些协议的加密货币。如果加密货币不起作用，则支持去中心化金融的应用程序也将停止工作。

正如我们将在第三部分中看到的，"去中心化金融"可能会成为与金融系统并行的基石。有些国家可能会被去中心化金融所吸引。例如，伊朗的通货膨胀率达到了创纪录的高水平，但是通过利用"去中心化金融"，伊朗人可以从全球市场以低利率进行借款。利用去中心化交易，还可以帮助某些政体通过外部监管者无法有效控制的渠道将加密货币转换为其他多种类型货币［拉特纳（Ratna），2020年］。话虽如此，想要取代国际货币基金组织的机构，"去中心化金融"还有很长的路要走。在笔者撰写本书时，"去中心化金融"的"市值"还不到10亿美元。

将"去中心化金融"规模有限以及实用性问题放在一边，我们现在已经有了数字货币进化树。在确定加密货币不是数字货币的必然形式之后，我们可以开始研究下一步要如何发展并创建可能成为数字货币的电子现金形式了。

# 第2章　技术作为催化剂

比特币是加密货币领域一项了不起的成就。比特币在数字世界中创造了不可复制的东西，它具有巨大的价值。许多人将在比特币的基础上开展业务。

——埃里克·施密特（Eric Schmidt），谷歌执行董事长（2013年）

无论比特币是不是货币的未来，毫无疑问的是，中本聪于2008年发表的白皮书，催生了数字货币的新时代。这也可能促使数字货币在可预见的将来成为主流货币。埃里克·施密特的观点无疑是正确的：人们将在加密货币的基础上开展业务。也许以这样的趋势发展下去，新的去中心化金融系统会形成，推翻国际货币金融体系并且所有的制度相应作废。无论如何，新的、更有效的货币基础设施一定会出现。

我们最好是把加密货币的技术当作开发数字货币的元技术。正如埃里克·施密特所说，技术为新产品和服务搭建了平台。在这一点上，我们应该更详细地研究一下数字货币底层的技术，以及这些技术为我们提供的新工具。

## 关键技术

我们已经介绍过了数字货币树，现在再来看一看数字货币的技术构成。三种关键的元技术为我们提供了实现数字货币所需的工具，分别为生物特征识别技术（Biometrics）、区块链技术（Blockchains）和机器人技术（Bots）。

### 生物特征识别技术

可以肯定地说，生物特征识别技术将在货币未来发展过程中起到关键作用。实际上，对于大多数人来说，生物特征识别技术已经登上了交付领域的舞台。消费者每天都会使用以生物特征识别技术为基础的支付方式，生物特征识别技术包括声音识别技术、指纹识别技术、人脸识别技术等。早在2015年，英国支付系统公司Vocalink关于"付款态度"的研究报告就显示，大约三分之二的受访者表示他们对以生物特征识别技术为基础的支付方式非常感兴趣。笔者还记得，当时看到报道时非常惊讶。生物特征识别技术已经从科幻小说还有恐怖电影的剧情，变成了帮助我们打车或访问银行账户的技术。

# 第1部分　数字货币

生物特征识别技术并不是为千禧一代①和X世代（出生于20世纪60年代中期至70年代末的一代人）的人发明的。手机用户中，很多都是年纪比较大的人，比如我。他们根本记不住登录手机各个应用程序所需的各种不同的密码。现在，他们可以选择一种更便捷的登录方式，通过生物特征识别的方式登录应用程序，这就是生物特征识别技术成为主流技术的原因。

当苹果公司将其指纹识别技术推向市场时，这一转变就很明显了。笔者还记得当年与其他人（记者、客户和朋友）就iPhone手机上引入指纹技术这一主题进行的对话。这些对话的主要内容如下。

其他人："你知道指纹可以伪造吗？我听说有一个日本人能用软糖伪造别人的指纹。"

笔者："对，我知道。"

其他人："你的手机上肯定有你留下的指纹，犯罪分子很容易就能偷到你的指纹。"

笔者："对，我知道。"

其他人："犯罪分子也许能够找到一种伪造指纹的方法，用伪造的指纹在别人的iPhone手机的iTunes②音乐商店中购买歌曲。"

笔者："对，我知道。"

其他人："你知道研究人员能够通过存储的指纹模板来重

---

① 千禧一代，指生于20世纪80年代至90年代中期，伴随互联网技术发展一同成长的一代人。——译者注
② iTunes，苹果公司最热门的音乐软件。——译者注

建手指三维模型吗？"

　　笔者："对，我知道。"

　　其他人："那么你会在你的新iPhone手机上使用指纹识别功能吗？"

　　笔者："当然。"

　　在上述对话中，为什么其他人提出了那么多关于指纹识别技术的安全隐患问题，而笔者最终的答案却还是"当然"呢？这是因为，苹果公司推出的指纹识别技术实际上和保障信息安全没多大关系，该项技术的主要作用是为用户提供便利。苹果公司最擅长的就是为其用户提供便利。在使用生物特征识别技术之前乘坐公共汽车时，必须先按下iPhone手机上的主屏幕按钮唤醒屏幕，再在屏幕上滑动手指转至输入密码界面，然后输入4位数的密码来解锁屏幕，最后点开Arriva公交应用程序，向驾驶员出示应用程序中的车票。因为新iPhone手机有指纹识别功能，所以，当按下主屏幕按钮唤醒屏幕后，iPhone手机可以扫描指纹，跳过在屏幕上滑动手指和输入密码这两步，直接解锁屏幕。虽然这两个步骤看起来简单，但其实浪费了不少时间。比如：当你排在等车队伍的第一个，或者在办理航班登机手续时出示票据，或者打算使用存在Passbook应用程序①中的会员卡在商店购物时，指纹识别技术肯定能为你节省不

---

① Passbook应用程序，苹果公司推出的用于存放电子登机牌、会员卡和电影票的应用程序。——译者注

## 第1部分　数字货币

少宝贵的时间。①

指纹识别比密码更安全吗？是的。指纹识别会取代密码吗？不会，至少在笔者的手机上不会。当手机不能识别用户的面部时，或者用户的亲人想要使用用户的手机时，还是要使用密码来解锁手机的。指纹识别、人脸识别和声音识别会不会使智能手机永久、完全保密地保存用户的信息呢？不会。使用这些技术就是为了让人们更方便，请记住，不是为了保障信息安全。

令人惊讶的是，人们很快习惯了这种采用了生物特征识别技术的便捷的身份验证方法。就个人而言，如果在手机上打开一个应用程序，发现必须通过输入密码而不是通过识别用户的特征来登录的话，用户就会觉得很麻烦。如果用户必须通过输入一个几乎肯定会忘记的密码来登录应用程序的话，那肯定会又生气又沮丧。

在以生物特征识别技术为基础的身份验证方法的发展初期，笔者非常有信心消费者会喜欢使用该项身份验证方法。环球支付公司（WorldPay）的一项调查显示，英国所有的受访购物者中有一半已经告诉研究人员，他们想使用以生物特征识别技术为基础的支付方式了。法国生物识别公司Natural Security在该国进行的一项试验结束后，约有94%的受试者表示，他们希望在商店付款时能使用以指纹识别为基础的支付方式！

---

① 几年前，笔者看到过针对金融业客户的一些研究，当时发现有些人根本没有用密码锁定手机。所以指纹识别技术的到来自动为他们提高了交易安全性！

# 数字货币战争

对于我们这些构建数字货币体系的人来说，相对于安全性，使用生物特征识别技术进行身份验证所提供的便利性，可以更好地实现成本收益平衡。便利性是大众市场命题的核心，也是iPhone支持生物特征识别技术对整个行业如此重要的原因。

移动电话是一种安全可靠的身份管理设备，其中一种身份就是金融身份。而用于支付的验证身份就属于它管理的金融身份。对移动设备中可撤销的安全代币进行便捷的基于生物特征识别技术的本地身份验证，以及移动设备与本地环境之间的无线通信，都是非常实用的。

我们需要将身份验证的便利性和安全性结合起来，并应用于大众市场。幸运的是，移动电话和生物特征识别技术的结合为我们提供了解决方案。

## 区块链

尽管比特币是目前使用最广泛的可复制的分布式共享账簿，但仍然是一个非常特殊的例子。比特币区块链是一个典型的所谓双重无须许可共享账簿。图2-1采用的是"伯奇-布朗-帕吕拉瓦（Parulava）"分类法（伯奇等人，2016年）。从中可以看到，双重无须许可账簿对所有人开放，无须任何个人或组织的许可，账簿中的任何人都可以查看和维护账簿。

比特币解决了一个非常具体的问题。这个问题可以概括为：使用者不信任任何人去维护账本的真实副本。更为常见的共享式账簿的问题可以归为：使用者可以信任某人会维护真实的副本，但不希望他们能重写历史记

## 第1部分 数字货币

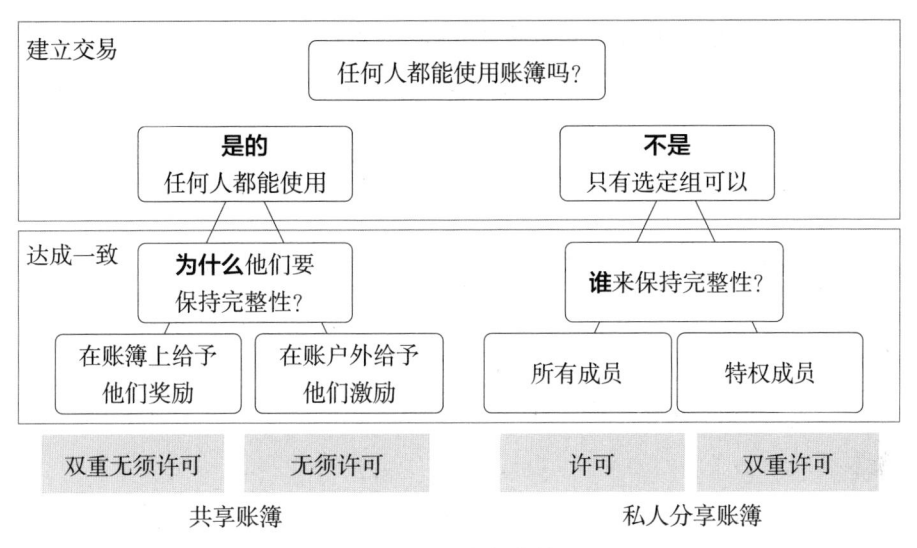

```
建立交易
        任何人都能使用账簿吗?
    是的                    不是
  任何人都能使用         只有选定组可以

达成一致
  为什么他们要              谁来保持完整性?
  保持完整性?
在账簿上给予  在账户外给予     所有成员    特权成员
他们奖励    他们激励

双重无须许可   无须许可        许可      双重许可

    共享账簿              私人分享账簿
```

图2-1 共享账簿

录［莱文（Levin）和潘尼弗（Pannifer），2015年］。共享式账簿的历史记录无法重写，但仍需依赖受信任的实体来进行维护的账簿就是可以检查的账簿。因此，如上所述，基于构建不依赖于可信任实体的体系，中本聪通过比特币创建了数字资产。你可以直接拥有这些数字资产，也可以在不经他人许可的情况下将其转让给其他人。比特币的设计就是为了实现这个目的。比特币是一种可复制的分布式共享账簿，旨在实现可以抗审查的数字无记名资产。因此，银行家和监管机构对比特币肯定深表怀疑！[1]

---

[1] 观察者有理由不拒绝比特币，"抗审查"意味着这是一个开放、中立的平台，可能会促使产生未经许可的创新性技术。

## 数字货币战争

如果把这种可复制的分布式共享账簿当作金融市场的基础设施,即把这种分布式共享账簿作为银行解决许多问题的新平台,那么人们自然会问,为什么市场参与者不付钱给某个公司(如维萨[①]、Vocalink电子支付公司或谷歌)来运行一个大型数据库,并把所有的交易数据存储在一台大型计算机上?这台大型计算机可以在中央机构的控制下运行所有应用程序,而规则也由中央机构来规定。这是一个很好的问题,这个问题的答案将带我们进入本章的结论,即改变的动力可能并不来自降低成本和提高效率。

我们有充分的理由认为,国际货币金融体系将会选择这种"分级式双重许可"账簿(伯奇等人,2016年)。如果得到金融机构的许可,用户就可以使用这种"分级式双重许可"账簿,银行和监管机构负责维护账簿的完整性。共享账簿和共享账簿应用程序的组合带来了可靠性、创新性、完整性和灵活性方面的金融科技优势。我们相信,既然我们仍处于共享账簿技术的发展初期,这个领域的创新者就会继续为我们带来惊喜。

监管技术可能具有更大的优势。只要监管机构"订阅"了共享账簿,银行就可能不再需要向任何地方的任何人声明任何内容便可使用共享账簿。被许可的共享账簿可以消除合规性与审计之间的界限,使银行与监管机构的关系中的各方均能受益。这不仅涉及对交易数据的访问共享,也涉及让监管机构能够轻松地对更复杂的自动程序和协议的执行进

---

[①] 维萨,是一个提供了丰富的信用卡的平台。——译者注

# 第1部分　数字货币

行永久监督。因此，并非只有笔者认为监管者也是共享账簿世界中的关键利益相关者。

我们已经描述了监管机构批准使用共享账簿的逻辑，确切地说，是银行应该使用哪种共识机制和共享账簿技术，以及应该建立哪些层次结构的逻辑。等到设计特定数字货币时，我们会再重新讨论上述这些问题。虽然向大量人口提供数字货币的共享账簿肯定不会只有一个，但是我们目前还是将数字货币的基础设施统称为"区块链"。

## 机器人

我们完全可以这样说，人工智能将改变金融业，进而改变货币体系，它将改变国际货币金融体系和金融市场的运作方式。不仅技术专家这样认为，许多金融服务业人士也认为金融科技和监管技术将结合在一起，进一步改善金融业。英国英格兰银行在2017年9月发布的第274号工作文件中，对中央银行内的机器学习技术以及银行监管体系进行了研究和探讨，并得出了类似的结论。人工智能不仅是一种可以帮助组织改变产品和服务成本效益比的技术，也是一种监管技术，可以帮助监管机构更好地建设金融业。实际上，人工智能将彻底重塑金融服务。[①]

这对数字货币意味着什么？我们应该进行一些新的思考了。当金融服务业人士谈论人工智能时，他们考虑的是机器人顾问和聊天机器人，

---

① 英国《金融时报》（*Financial Times*）曾引用过德意志银行（Deutsche Bank）首席执行官约翰·克雷恩（John Cryan）的一句名言：银行将从使员工像机器人一样工作，转变为雇用机器人像员工一样工作。

## 数字货币战争

其谈论的重点也放在利用人工智能来降低成本和提供新的服务上。目前，大多数银行在人工智能方面的投资主要集中在机器学习方面，以打击欺诈为主。实际上，我们可以更好地利用人工智能。[1]

我们仔细想想就可以知道，用户也可以像银行一样有效地使用人工智能这项技术。银行在使用人工智能方面并没有特权，其他人完全可以按照自己的需求使用人工智能这项技术。通过智能手机和平板电脑，用户和基金经理永远可以与远远超过其自身能力的智能相连接。对笔者来说，可能还不能很快学会理财。笔者不够聪明，连信用卡、养老金还有汽车保险贷款都选不好。很明显，笔者想让人工智能机器人帮忙理财。不过，应该选择哪个机器人？应该选择盖塔机器人（Saga），还是维珍金融机器人（Virgin Money）？应该选择曾经评出的性能最佳的机器人，还是战胜过世界围棋冠军的谷歌会自学的人工智能机器人[2]？在人们讨论养老金计划或保险项目的时候，笔者并不是很想参与。笔者希望在讨论计划或项目的过程中能有一个"监管者"，可以在必要的时候推动一下，这样笔者就可以放心让机器人做出决定了。在监管下进行工作的机器人就是未来的发展趋势，人们在这些机器人之间交换数字货币是必然的发展趋势。

这个发展趋势是非常令人向往的。笔者的受监管的机器人将与受监

---

[1] 正如笔者在2018年Digital Jersey机构的年度回顾中所问的那样：用户的机器人在哪里？这也模仿了弗雷德·舒德（Fred Schwed）20世纪40年代所著的金融服务经典书籍的名称（书名为《客户的游艇在哪里》）。
[2] 自学下棋的阿尔法元（AlphaGo Zero）已经击败了和人类学下围棋的阿尔法狗（AlphaGo），比分是一百比零。

## 第1部分　数字货币

管的金融机构的机器人进行谈判，帮忙选取最佳产品。机器人不会被品牌、所处的位置、报纸里的产品宣传页所影响，它将根据产品的价格和性能做出选择。因此，如果银行在兜售抵押贷款或信用卡时，向用户展示有关宇航员骑马的乱七八糟的广告，或者笔者在宣传页里看到的其他东西，那简直就是浪费时间。品牌这种在工业时代因为信息不完整而产生的大众市场替代品也将变得毫无意义。

监管机构可能会列一张"经授权"的机器人列表，这就像列出的经授权的财务顾问列表一样。如果笔者的人工智能机器人的智能超越了监管机构的人工智能机器人的智能，那么监管机构会认为笔者的机器人只是在为笔者的最大利益工作吗[①]？

我们还不知道银行的机器人将如何与用户授权的机器人代表进行互动。这个问题非常有意思，但同时也让人担忧。让人担忧的是，有些银行可能无法提供机器人提出的符合经济合算的产品和服务。在今后的世界中，银行的人工智能机器人将在监管机构人工智能机器人的监督下，向用户的人工智能机器人销售产品和服务。

如果想法成立，并且将人工智能引入金融服务行业是必然趋势，那么，即使我们看不到（甚至无法想象）将真正的人工智能引入金融服务行业后的另一面，我们也可以发现，有关成本效益分析、合规性和竞争的"法律"将不会出现在新的金融服务领域中。因此，重要的是要开始

---

[①] 正如经济学家黛安娜·科伊尔（Diane Coyle）在2017年1月26日出版的《金融时报》中指出的那样，透明度可能是机器人工作的关键，这至少强调了共享账簿和机器学习两项技术的重要性，即区块链和机器人会融合在一起。

思考新的"法律"可能是什么，以及我们如何帮助制定这些法律，如何加强必将出现的管辖竞争。

假设几乎所有的数字货币交易都将在机器人之间进行，那么，这些交易可能比为人设计的交易更为复杂。这意味着，我们可以使用前面讨论的共享账簿应用程序创建智能货币[①]。

## 代币解决方案

我们拥有构建这种智能货币所需要的元技术。同时，我们也需要使用这些技术构建的大众市场数字货币的体系结构。也就是说，价值将在某种形式的共享账簿上进行交换，而且价值是由应用程序验证过的。我们需要了解一种特殊的数字货币形式——代币。有了代币这种数字货币形式，任何人都可以在全球市场发行自己的货币。

加密货币除了共享账簿的共识协议这种存在形式，没有其他现实的存在形式。代币则是通过与现实世界中的资产链接，获得了实际价值。代币是在2015年随着ERC-20标准的开发而开始发展的。ERC-20标准确定了使用以太坊区块链上的"智能合约"创建标准代币的方式。需要再次提醒大家的是，智能合约根本不算是合约，它们在执行时不可能有不确定性，也不具有合规性。严格来说，智能合约只是在共识形成过程中自动产生的。以太坊的发明者维塔利克·布特林（Vitalik Buterin）说：

---

[①] 智能货币，是指一种基于去中心化思想的数字货币。——译者注

## 第1部分　数字货币

"我很遗憾将以太坊中的对象称为'合同',它们是任意的程序而不是专门的智能合约。"[杜邦(DuPont)和毛雷尔(Maurer),2015年]。维塔利克·布特林后来说,"持久脚本"这个名字可能更合适作为以太坊中的对象的名称。笔者同意这个说法。

ERC-20代币[①]是在这些持久脚本之间交换的一种可替代的价值:一种数字化不记名资产权利主张的实际执行形式,且在交易中无须进行清算或结算。因此,人们使用ERC-20代币可以更有效地进行交易。[②]

请大家想象一下:一个人想以100美元的价格获得某些IBM(国际商业机器公司)软件的许可,他让他的智能合约以此价格发送给IBM的智能合约。然后,IBM智能合约授予其使用该软件的许可。人们使用这些代币就能对未来的资金进行编程(这笔钱不能在2023年1月1日之前使用),这就是人们已经思考了20年的智能货币。

当代币成为一种受监管的全新数字资产(商业票据与忠实奖励计划之间的交叉点)后,我们就能以更好的方式重塑市场。由于不可改变的代币交易历史决定了交易参与者的声誉,人们就不会拿交易历史中良好的行为当作儿戏,而交易历史中不良行为则会被展示出来。代币市场的参与者将能够评估和管理风险,代币监管者也能够找到相应的监管模式和它们之间的联系。人们不用知道你的资产或负债情况,就可以看到你的资产超过了负债。

---

① ERC-20代币,目前以太坊生态的主流DAPP大部分为ERC-20代币。——译者注
② 在撰写本书时,令牌的交易刚刚超过以太坊区块链上的加密货币交易。

## 数字货币战争

在这种架构下，我们会发现自己进入了"环境责任制"时代——技术架构要求不断进行验证和确认。这是因为我们以非常有趣的方式，利用这种现代加密技术（如同态加密和零知识证明[①]）获得了交易的透明性。正如笔者和莎乐美·帕吕拉瓦（Salome Parulava）所写的（伯奇和帕吕拉瓦，2017年），现代加密技术为我们提供了"半透明交易"的可能性，其中的技术架构意味着在代币交易和价值交换发生很长时间之后，还可以进行连续而非定期的审计。后面，我们会在特定情况下，再探讨这个概念。

代币确实是被当作货币来使用，这是代币的最初用途之一。人们开始创建加密货币的时候，这些都被称为首次代币发行（术语汇编：ICO）。首次代币发行时，吸引了数十亿美元的融资，其中很大一部分流向了瑞士的楚格（通常被称为"加密谷"），因为发行人使用《瑞士基金会法》创建了代币。这也是瑞士金融市场监管局（FINMA）的意见非常重要的原因。它检查了包括首次代币发行的所有种类的代币（如证券代币），并努力对代币进行适当的监管。瑞士金融市场监管局在指南中将代币分为三类：证券代币、公用事业代币及支付代币（瑞士金融市场监管局，2018年）。这种检查方法非常有效，并为人们如何对待该领域勾画了大致方法。美国证券交易委员会（术语汇编：SEC）做出了类似的区分。虽然该委员会主席杰伊·克莱顿（Jay Clayton）承认，

---

[①] 零知识证明，是指证明者能够在不向验证者提供任何信息的情况下，使验证者相信论断正确。——译者注

## 第1部分 数字货币

首次代币发行可能是企业家和其他人筹集资金的有效方式,但他也警告人们,如果用支付代币或公用事业代币作为证券是不安全的。

比特币、区块链、代币和首次代币发行融合在一起,形成了一种新的金融服务架构。在概括和强调这种结构的重要性时,需要指出,一旦数字身份之间可以完全安全地相互交换数字货币,我们将拥有一个功能强大的基础层,用于基于数字不记名文件而构建的新金融系统。这个新金融系统既不需要清算,也不需要结算。这与现有金融系统是完全不同的。目前的金融系统是以电子货币、账户和法定现金为基础的。

这种未来的数字货币平台,与比特币最大化主义者的无中间人世界截然不同。正如蒂姆·斯旺森(Tim Swanson)所说,事实清楚地表明,那种"每个人都是自己的银行"的愿景,并没有现实依据(斯旺森,2015年b)。代币世界并非没有中间人的世界,但是在这个世界会减少强大而可靠的金融中介的总成本。

## 智能货币与非智能货币

正如《来自巴比伦,超越比特币》一书中所述,未来社区创造的货币将与目前的货币截然不同,因为未来的货币会是智能的:它有应用程序接口和应用程序(或称"智能合约")。未来的智能货币包括更多的信息交换的内容,也包括交易本身的历史,因此,它能够推动进行更复杂的交易[罗戈夫(Rogoff),2016年]。这正是很多人发现的元技术最有趣的一方面。举个例子,德国银行业协会认为,可编程货币是一种具

## 数字货币战争

有巨大潜力的创新性技术，可以从根本上改变我们的付款方式和价值存储方式［田纳（Tenner）和乌特兹格（Utzig），2019年］[①]。

智能货币知道它的持有者是工厂老板还是洗钱的人，它包含重要的信息内容。虽然以太坊、智能合约、加密猫和稳定币等早期实验让我们了解了智能货币该向哪个方向发展，但几乎没有人猜到，随着新技术与这些基本构成要素联系在一起，更智能的货币就在信誉、验证、身份证明、机器学习和人工智能的融合中产生了。

经济学家埃里克·洛纳根（Eric Lonergan）对这些实验指示的智能货币的发展方向非常乐观（洛纳根，2018年）。他指出，虽然过去各造币厂和各家银行会争夺货币发行权（可以通过新技术恢复的竞争环境），但最终的发展遵循的都是格雷欣法则（Gresham's Law），也就是劣币驱逐了良币。但是，在即将到来的智能货币时代，良币将会驱逐劣币，因为黑市"丝绸之路"（Silk Road）（使用比特币的毒品和"暗网"市场）所使用的技术，可能可以用来让社会变得更有道德和更有秩序。洛纳根想表明的是，未来的智能货币可能会非常智能，能够阻止犯罪分子使用它。

他还说，真正的智能货币将被设计为可以应对各种经济状况，并能起到平滑经济周期的关键作用。目前，应对各种经济状况、平滑经济周期都是中央银行的职责。这样的货币是相当智能的，然而这只是智能货币的特征之一，用于将其与我们今天所拥有的非智能货币区分开（见表

---

[①] 他们还说，这意味着就如何将这种聪明钱整合到现有的金融系统中达成社会共识是非常重要的。对此笔者完全赞同。

## 第1部分 数字货币

2-1)。即将到来的货币格局生态，将不再是法定的货币单一文化，而是拥有丰富多样的货币集，来帮助我们和我们的机器人应对新经济中信息丰富的市场。

表2-1 非智能货币与智能货币

| 非智能货币 | 智能货币 |
| --- | --- |
| 没有记忆 | 拥有记忆 |
| 孤立的 | 拥有应用程序接口 |
| 价值的存在形式 | 分布式应用的存在形式 |
| 国家的静态产物 | 社区的动态财产 |

与比特币最大化主义者的自由主义相比，货币是"本地"的、"半透明"和"智能"的等这些新观点是对未来数字货币更合理的描述。不同的社区将会选择结合不同要素的货币。有些人可能会优先考虑货币的透明性，而另一些人可能希望实现货币的匿名性。有些人可能希望获得更复杂的自动化的货币，而另一些人可能希望获得更复杂的价值（如外人无法使用或只能用于某些服务的货币）。有些人可能希望货币能完美地记录它的路径，而另一些人则可能希望货币能记住它的用途。正如国际货币基金组织关于该主题的文件所指出的那样［艾德里安（Adrian）和曼奇尼-格里弗利（Mancini-Griffoli），2019年］，数字货币系统可以让用户决定数字货币可以购买的商品。对于汇款或慈善捐款来说，未来的数字货币是非常有用的。

## 题外话：后量子加密

有关元技术的许多讨论都是基于非对称加密的使用（如公共密钥和私有密钥），这是电子货币实际运用的核心。有很多经验丰富、受过良好教育的读者在信中指出，量子计算的到来很可能让广泛使用的非对称加密失效。

如果你对此感兴趣的话，可以看一看美国国家标准技术研究院（术语汇编：NIST）对上述主题所做的报告［陈（Chen），2016年］。报告指出，近年来，很多人对量子计算机——利用量子力学现象来解决数学问题的机器进行了大量研究。这些量子计算机解决的数学问题对于传统计算机而言太难、太棘手。如果能够建成大型量子计算机，就可以破坏很多当前使用的公共密钥加密系统。这将严重损害互联网和其他地方使用的数字通信的机密性和完整性。英国国家网络安全中心（术语汇编：NCSC）认为，目前在现实系统中使用的非对称加密方法的安全性，通常依赖于质因数分解（RSA）或计算离散对数［椭圆曲线，迪菲-赫尔曼（Diffie-Hellman）］的难度。量子计算机的出现将会影响这种安全性（美国国家标准技术研究院，2016年）。

如今，量子计算机可以使用两种已知的算法来进行密码分析：舒尔（Shor's algorithm）算法和量子搜索（Grover's algorithm）算法。

我们先说说舒尔算法。舒尔算法尝试快速分解大量数字，将破坏基于质因数分解和离散对数的加密系统。用于整数分解的最快算法是普通数域筛选法，以次指数时间运行。1994年，彼得·舒尔（Peter Shor）

## 第1部分  数字货币

开发了一种用于整数分解的量子计算机算法,该算法在多项式时间内运行,因此能够破解任何质因数分解或基于离散对数的加密系统(包括使用椭圆曲线的加密系统)。这意味着,如果有人建造了量子计算机,那么所有广泛使用的公钥加密都会变得不安全。

另一种算法是量子搜索算法,它可以在$O(\sqrt{2})$时间内反转函数。该算法通过根元素降低对称密钥加密的安全性。因此,高级加密标准-256(AES-256)将仅提供128位长度的安全性密钥。既然将哈希函数或AES的安全性提高两倍并不是很麻烦,那么量子搜索算法就不会对对称加密造成严重的威胁。此外,除了量子搜索算法引起的$O(\sqrt{2})$因数外,建议用于加密使用的伪随机数发生器都不会受到量子计算机发明的影响。

因此,对称加密以及完全由对称基元构建的非对称加密形式(如基于哈希的签名),不会被认为容易受到量子计算的攻击。这是因为,如果使用足够大的密钥,最厉害的攻击也不能成功。特别是,当与256位密钥一起使用时,AES分组密码目前被认为可以免受任何未来的常规计算机或量子计算机的攻击。

**脆弱性**

表2-2简单总结了目前的情况,列出了量子计算机对不同的加密算法的影响,也凸显了后面的加密算法的脆弱性。

表2-2 量子计算产生的影响

| 加密使用案例 | 常用做法举例 | 量子计算机的影响 |
| --- | --- | --- |
| 散列算法 | 散列算法2，散列算法3 | 无 |
| 对称 | 高级加密标准 | 需要较长密匙 |
| 不对称 | 质因数分解（RSA） | 破坏 |
| 不对称 | 离散对数（DH） | 破坏 |

为了攻击非对称加密，图谋不轨者需要进行主动攻击（这必须访问量子计算机）以伪造数字签名。但是，即使还没有量子计算机，图谋不轨者也可以现在就开始收集数据，一旦等到量子计算机可以使用的时候，就可以对关键协议进行破坏。为了获得用于在安全消息系统（如优良保密协议）中给消息内容加密的会话密钥，这些图谋不轨者这样做是值得的。虽然他们现在看不到任何消息，但是为了将来破解加密也值得先收集到这些信息。至少根据英国国家网络安全中心的说法，这意味着与采用量子安全数字签名相比，更应该在当前的系统中使用量子安全密钥许可方案。

虽然还没有明确的时间，但要注意的是，根据牛津大学量子计算中心的研究，理论上说，即使是小型的30量子位通用量子计算机也可以匹敌每秒浮点运算10万亿次（$10^{12}$）的经典超级计算机。美国国家标准技术研究所目前估计，到2030年，将建成第一台与加密相关的量子计算机，成本约为10亿美元。

# 第1部分　数字货币

**对策**

广义上讲，有两种完全不同的方法可以防止图谋不轨者利用量子计算机构成威胁。一种是量子密钥分配（术语汇编：QKD），这种方法利用了物理系统的量子特性，需要专门的硬件。另一种是后量子加密（术语汇编：PQC），与已有的非对称加密形式一样，它利用了某些很难破解的数学问题，可以在硬件或软件中实现。

后量子加密（也称"抗量子加密"，术语汇编：QRC）的目标：开发量子计算机和经典计算机都无法破解的加密系统，而且还可以与现有的通信协议和网络进行交互操作。根据目前的认知，英国国家网络安全中心认为，对于大多数现实世界的通信系统，特别是政府系统来说，后量子加密将提供比量子密匙分配更有效的安全保护措施。

美国国家标准与技术研究院发起了一个"传统"的多轮流程，用于就一个或多个量子密钥分配公钥算法征求意见、进行评估和开展标准化工作。2019年年初，美国国家标准与技术研究院宣布了第二轮算法征求意见，其中包括17种公钥加密和密钥建立算法，以及9种不同的数字签名算法。

从本质上讲，这些算法来自三个不同的"家族"，依赖于不同的数学难度来源。第一个是格密码系统，该系统是使用称为格子的几何结构构建的，用矩阵表示。第二个是使用纠错码的基于代码的系统，已经在信息安全领域使用了数十年。第三个是多元系统，该系统取决于在有限域上求解二次多项式方程组的难度。早期观点认为，格密码系统是在研究方面最活跃，也是最灵活的系统［布坎南（Buchanan）和伍德瓦德

(Woodward），2016年]。格密码系统能够进行密钥交换，数字签名和更复杂的构建，如完全同态加密。尽管目前格密码系统尚未广泛使用，但在应对我们周围持续的网络战时，该系统很可能会成为未来业务基础架构的核心。

**不要恐慌**

这样说的目的是请读者放心，我们已经了解并掌控了问题。所以当我们继续讨论公钥加密和数字签名时，对于现实世界中的大规模市场部署而言，实施量子安全算法只是一种假定的说法！

## 技术与变革

总而言之，我们可以说，数字货币的元技术为我们提供了实现数字货币的多种选择。这带来的最终结果是，无论好坏，创建数字货币的方法现在已经被扩散了，任何人都可以通过创建数字货币赚钱。我们将在第三章中看到这方面的内容。

# 第3章 人人都能赚钱

---

法定货币与社会主义一样，是20世纪的另一种"大国意识形态"。

——德特勒弗·S. 施拉赫特尔（Detlev S. Schlichter），

《纸币崩溃》（*Paper Money Collapse*）（2011年）

我们一直以来都习惯于使用一种特定的货币，即政府发行的货币，维持这种货币方面的垄断是出于对经济效率和稳定的考虑。在信息不完整的世界中，由一个发行人统一发行的单一货币，可以将交易成本降到最低，并保证社会效率。因为只有一个发行人，所以不用去了解每个发行人的信誉，且该货币是由懂经济的中央银行发行的，也能确保社会的稳定［艾肯格林（Eichengreen），2019年］。但是，现在情况变了，也许新技术意味着获取有关信誉的信息不再困难，也许新的机构意味着新的安排也可以让社会稳定。

正如第2章中所述，数字货币的元技术发展到目前这个程度，任何人都可以利用它创建数字货币。这让我们不可避免地提出一个更大的问题：谁会创建数字货币？如果任何人都能用唾手可得的标准组件来创建数字货币，那么谁会创建数字货币，他们为什么会创建数字货币？对于这个问题，笔者建立了一个包括五个方面内容的思考框架。笔者最初是在《来自巴比伦，超越比特币》(Before Babylon, Beyond Bitcoin)一书中提出这个框架的，见表3–1。

表3–1 数字货币的类型和发行主体

| 数字货币的发行主体 | 数字货币的类型 |
| --- | --- |
| 商业银行<br>信用受到监管 | 银行货币。银行货币也是我们现在所拥有的主要货币，由银行在中央银行监管下发行 |
| 中央银行<br>政治控制下的国家货币 | 法定货币。法定货币是中央银行创造的无风险货币（请注意，在这里"无风险"的含义与你想的不同） |
| 加密货币发行单位<br>仅受数学的控制 | 扭转乾坤的力量。没有发行者，也没有超出市场的价值 |
| 公司<br>商业监管下的未来货币；新的"代币"世界 | 私有货币。私有货币是类似某种用来兑现公司资产的货币 |
| 社区<br>竞争市场中受法规监管的名义货币 | 社区货币。要记住，"社区"在虚拟和世俗情况下的意思是不一样的。在现实世界中，社区是地理意义上的。在虚拟世界中，我们每个人可以属于很多社区 |

数字货币的元技术对于表3–1中所列举的发行数字货币的主体或任何人来说，都构不成障碍。让中央银行运行类似M-Pesa这样的想法，对普通公民来说似乎也不为过。然而，有一个折中的办法。M-Pesa在

# 第1部分　数字货币

肯尼亚拥有数千万用户，脸书可以管理数十亿个账户。中央银行可以创建数字货币，通过商业银行进行分配。这些商业银行不能创造货币（只有中央银行可以），但是可以利用现有系统对货币进行管理。

如果我们能从M-Pesa和贝宝的成功，以及DigiCash公司的电子现金和蒙德克斯电子钱包的失败中吸取教训（请参阅第一章）的话，那么我们就可以站在好的起点上，发展下一代数字货币。虽然DigiCash公司的电子现金和蒙德克斯的电子钱包因为各种原因失败了，但主要还是由于群众对于新产品的接受程度太低。创建数字货币很容易，但是说服商店使用它们却很难。在蒙德克斯电子钱包创建十年后，M-Pesa选择不使用卡或终端，而是利用手机搭建了一个非银行体系，通过当地政府的监管缺口创造了改变数百万人生活的产品。

请注意，蒙德克斯电子钱包和M-Pesa都使用以硬件为核心的加密技术来保护系统的完整性。比如：蒙德克斯电子钱包就是使用现在大家都很熟悉的智能卡，然后将芯片和个人识别码塞进了每个人的口袋。而M-Pesa则是手机卡，由全球移动通信系统协会（GSMA）将它塞进每个人口袋中的手机里。（实际上，它们的原理是类似的）蒙德克斯电子钱包是去中心化的，而M-Pesa是中心化的，两者均由中央机构管理，且芯片中的电子价值都是根据银行系统中的法定货币发行的。[①]

---

① 笔者相信，当未来的历史学家写下货币的演变时，他们会说，把现金钉进棺材里的不是塑料卡，而是手机。

# 数字货币战争

## 瑞典模型

最有可能第一个实现从实物法定货币向数字法定货币过渡的国家是瑞典。因此，让我们来了解一下瑞典的货币状况，这有助于我们理解数字货币的未来，也可以帮助我们了解一下数字货币是否可以解决所有的实际问题。

在少数几个国家中，实际"流通中"的现金数量在不断减少，瑞典就是其中之一。不过，正如瑞典中央银行在2012年所表述的，如果考虑现金使用的社会成本，现在现金的使用量仍然太高了（使用借记卡的总社会成本最低）。当时，瑞典中央银行推出了新的纸币系列，但是许多瑞典人仍然把无效的老纸币放在家里，不去兑换新纸币。瑞典中央银行的计划是进一步降低现金使用量。瑞典皇家理工学院的尼古拉斯·阿维德森（Niklas Arvidsson）预测：再过十年，纸币和硬币将从瑞典消失（福斯，2013年）。

瑞典的替代现金方案的最初动力似乎来自两个方面：在高度银行化的经济体中，银行卡的广泛使用让零售网点的现金使用量不断减少；瑞典进行税收制度改革，让人们不会为了逃税而用现金支付工人（如水管工、保姆等）的报酬[科宁（Koning），2016年]。加速现金使用减少的一个重要因素是，有10家瑞典银行提供了一种名为Swish的实时移动支付系统。用户使用该系统，可实时在多个账户之间免费转移资金。如表3-2所示，Swish实时移动支付系统最初由6家瑞典主要银行推出，现在，该系统的普及率已经非常高了。

## 第1部分 数字货币

表3-2 Swish实时移动支付系统的演变

| 年度 | 里程碑 |
| --- | --- |
| 2012 | Swish实时移动支付系统由6家瑞典银行推出 |
| 2013 | Swish实时移动支付系统成为年度最佳移动支付软件 |
| 2014 | Swish实时移动支付系统推出企业版本 |
| 2015 | Swish实时移动支付系统已有300万用户 |
| 2016 | Swish实时移动支付系统推出电子商务版本 |
| 2017 | Swish实时移动支付系统开始支持二维码支付 |
| 2018 | Swish实时移动支付系统推出新的移动软件 |
| 2019 | Swish实时移动支付系统每月4800万笔交易,被21.5万家公司使用。每1000万人中,有750万人使用,二维码使用量每月增加三分之一,每月转账220亿克朗 |

在瑞典,反现金联盟包含的成员很广泛,不仅有银行、执法部门,还有工会和零售商。不过,也不是每个人都在向此方向发展。虽然大多数瑞典银行的分支机构现在都是"无现金化"的(如北欧银行300家分支机构中的200家是无现金的,而瑞典银行分支机构的四分之三已不再处理现金)。不过,由于无现金化排斥或边缘化了某些群体,又产生了新的问题。这表明,我们需要对此做出计划,而不是听之任之。

瑞典民意调查显示:截至2016年,三分之一的瑞典人对无现金状态持否定态度。目前,对无现金状态持否定态度的瑞典人口数量大约占总人口数量的三分之二。不过,几乎所有瑞典公民都拥有银行卡。瑞典中央银行为此做出决定,要求该国的六大银行必须提供现金服务。这遭到

了银行业的抵制，因为这样会增加其成本；这也遭到了竞争管理机构的抵制，因为这样做，增加了部分市场参与者的成本，将导致市场扭曲。

不过，瑞典中央银行已经决定坚持要求所有银行及提供账户服务的信贷机构提供现金服务。如前文所述，鉴于大多数银行的分支机构早已不再提供现金服务，重新提供现金服务将产生大量的费用。竞争主管部门和金融监管机构都反对这项修订后的提案。瑞典金融监管局认为，现金是集体财产，应该由国家负责提供（也就是说，只有国有银行应提供现金服务，私有银行有选择是否提供现金服务的权利）。自动取款机供应商Bankomat还认为，提供现金应该是国家的责任，因为处理纸币和硬币非常重要，也非常昂贵，是国家基础设施的一部分［金（King），2019年］。

**电子克朗（e-Krona）实验开始**

早在2017年，瑞典中央银行就开始进行数字货币研究项目，即"电子克朗"项目。瑞典中央银行表示，研究电子克朗的主要目的是使公众能够使用数字货币作为现金的补充，国家会保证电子克朗的货币价值。目前，瑞典中央银行与其他中央银行一样，仅将法定货币提供给银行，而所有其他形式的数字货币都是私有的（通常由商业银行发行）。在发布了有关数字货币的一些报告后，2020年，瑞典中央银行决定启动电子克朗实验项目，为电子克朗寻求技术解决方案。

尽管瑞典中央银行已经明确表示，即使电子克朗的实验成功，仍不会决定是否正式发行电子克朗。但是值得注意的是，与许多中央银行的

### 第1部分 数字货币

数字货币项目相比,该项目是建立在电子克朗可以作为零售数字货币来使用的基础上的。因此,在瑞典中央银行发行电子克朗后,公众将可以使用中央银行数字货币进行支付。这会与传统围绕数字货币的中央银行业务大相径庭。

国际清算银行行长奥古斯丁·卡斯滕斯(Agustín Carstens)在最近的一次演讲中,提出了一种流行的"当权派"观点,建议保留现有的"两层"支付系统。

## 城市与国家

如表3-1所示,能够实现社区价值的代币可能会成为交易的主导(如中东的电子第纳尔、威塞克斯的"电子便士")。各种不同类型的社区会决定自己的货币,笔者最感兴趣的是各类型的城市(社区)会使用哪一种货币。英国的很多城市已经在这方面开展了实验。

> ### 案例1:布里斯托镑(Bristol pound)
>
> 笔者想用英国布里斯托的情况来说明其观点。布里斯托位于英国英格兰西部。让布里斯托闻名于世的是优秀的大学和文化景点,但对于笔者来说,布里斯托之所以著名的是因为它是布里斯托镑(B£)的故乡,以及它为下一代货币发展所做出的

贡献。图3-1显示的是布里斯托镑的纸币，很多当地的商人都已经接受了这种货币。请注意，这些纸币是由货币局发行的。流通中的布里斯托镑以另一种货币（英镑）持有的100%储备作为后盾。

现在，虽然这些布里斯托镑钞票很可爱，但它们拥有一个独特的特质，可以与英国英格兰银行的竞争产品区分开，那就是布里斯托镑具有有效期。这种简单的做法是为了维护银行对货币的垄断，而不是为了防止货币的囤积。所以如果你收到了布里斯托镑，赶快出去把它们花掉吧。

布里斯托镑已经存在了几年，实现了从纸币到数字货币的跳跃发展。用户在下载B£应用程序[①]后，就可以在许多本地企业中用布里斯托镑进行支付。这些企业还可以在B£应用程序中点对点地转移资金，并支付给自己的供应商。不过，布里斯托镑的发展轨迹也说明了许多早期当地类似货币的命运：大约有价值40万英镑的布里斯托镑的纸币在流通，每月1.3万英镑的运行成本。尽管参与者的意图是好的，但是没有哪个社区能够承受纸币流通、运行的成本。这也是数字货币的创建让全世界的社区货币的倡导者重新振作起来的原因。

---

① B£应用程序，基于布里斯托镑的应用程序。——译者注

# 第1部分 数字货币

**图3-1 布里斯托镑**

笔者对这种以城市为基础的货币世界非常感兴趣，而且非常肯定它们的潜力被低估了。2018年迈耶（Meyer）和霍顿（Hudon）对"社会共享空间"和"商业共享空间"进行了区分。这一区分非常有用，可以作为新型货币的框架。而这些框架大致上与《来自巴比伦，超越比特币》中探讨的社区货币和私人货币的概念相一致。布里斯托镑诞生于社会共享空间，目的是刺激其所属社区的经济活动。

在职业生涯的早期，笔者对新型货币的框架持怀疑的态度，反而对商业框架感兴趣。在笔者看来，相互联系的社区货币的集合在经济上效率较低，但这可能不是重点。笔者想知道，我们是否需要对社区货币进行探索，以增加社区间交易成本为代价来增加社区内经济活动，并应对不平等和由此引起的动荡。这具有很多含义，如果是社区而不是个人成为创造货币的中心，那么这些货币将具有社区价值。

# 数字货币战争

**纽约，纽约**

让城市创建货币，并为了满足需求而进行优化，而不是使用国家的货币，这一想法看起来很牵强。不过，让我们了解一下美国纽约州议员罗恩·金（Ron Kim）、参议员茱莉亚·萨拉萨尔（Julia Salazar）和美国康奈尔大学法学院教授罗伯特·霍克特（Robert Hockett）的最新提议。该提议被称为美国纽约的"公共Venmo移动支付"。他们提出了一种社区共享式账簿实施方案，如果提议通过的话，会在纽约州内创建一种公共支付服务和一种可用于商品及服务交换的数字货币（霍克特，2019年b）。这种做法很激进，不仅是因为它是一种金融普惠性行为，可以帮助没有银行账户及被无现金支付边缘化的人（众所周知，他们会支付更昂贵的金融服务费用），而且因为这是重返国家间货币竞争的第一步。

# 第2部分
# 变革的动力

我认为在"无现金社会"中,纸币和硬币不会被取消,只是纸币和硬币都没什么用了。

——大卫·伯奇,《来自巴比伦,超越比特币》(2017年)

技术带来变革。我们可以确定，任何人都可以利用这些变革性技术来创建数字货币。

我们拥有所有创建私人数字货币和公共数字货币所必需的要素，这些要素可以重塑导言中所讨论的货币金字塔。不过，为什么有人想创造一种新的货币，以及他们如何才能成功地创造出新货币呢？早期，一些地区的新货币试点实验进展并不顺利，对于欧元这种超越国家主权的货币能走多远也还没有定论。然而，环顾世界，笔者可以自信地预言，变化即将到来。对货币数字化赞不绝口的不再只有本地货币拥趸者、气候变化活动人士或空想自由主义者，政府、企业和银行也都将如此。

2019年，英国英格兰银行在对"金融的未来"的评论中表示，银行应该对法定货币代币化的发展进行监督，明确市场对相关法规、法律和基础设施的影响，维护货币和金融的稳定。不过，由于包含了很多不确定性，英格兰银行并没有为央行数字货币（术语汇编：CBDC）找到令人信服的理由［范·斯蒂尼斯（Van Steenis），2019年］。这其中的不确定性包括法律上的不确定性，大规模使用数字货币技术可能带来的风险，数字货币传送的未知影响，以及担心用户会转移注意力而不再改善当前的数字货币系统。数字货币系统对于英格兰银行来说尤其重要，他们现在正在进行数字货币主要核心系统的更新。

我们必须研究所有这些风险，不过，就像我们将在接下来的几章中探讨的那样，变革的压力也让我们必须战胜这些风险。

# 第4章 数字货币将解决什么问题

与目前的货币制度、货币市场相比，未来的货币情况肯定会不一样——这是错误地假定凡事都会这样发展。也许因为大家都掌握了计算机通信技术和加密技术[①]，所以，除了各国中央银行外，还可以有其他的货币发行者[②]。情境规划师和战略分析师对此肯定不屑一顾，觉得这就是"赛博朋克[③]"的胡言乱语。

面对这样的断言，大多数企业家典型且合理的反应都是询问"你要解决什么问题"。坦率地讲，当前货币的观点和货币要解决什么问题没太大关系。说有问题的是那些管理运行货币的人。那些头脑清醒、知识渊博、影响力大的参与者，已经在讨论国际货币金融体系即将发生的根本性变化。这就是为什么和货币有利益关系的人，也就是我们所有人，都应该对欧洲中央银行行长克里斯蒂娜·拉加德（Christine Lagarde）、前英

---

[①] 加密技术，电子商务采取的主要安全保密措施。——译者注
[②] 例如，笔者几十年前就做过（见伯奇和麦克沃伊，1996年）。
[③] 赛博朋克，"控制论、神经机械学"和"朋克"的结合词。——译者注

## 数字货币战争

格兰银行行长马克·卡尼[1]和其他人所说的话重视起来，仔细想想国际货币金融体系的变化将会带来什么影响。

脸书发行的天秤币（稍后会详细介绍）就代表了国际货币金融体系中的一种变化。全球的金融监管机构对此的反应表明，他们不会束手就擒，轻易放弃自己在货币领域中的地位。实际上，国际清算银行已经创建了一个新的部门，由前欧洲中央银行（术语汇编：ECB）执行董事会成员贝努瓦·科尔（Benoît Coeuré）领导，对天秤币等私人数字货币以外的央行数字货币进行探索［卡明斯基（Kaminska），2019年］。欧洲中央银行的第一个项目将是与瑞士国家银行合作[2]，创建一种数字货币（显然将使用某种形式的共享式账簿），供银行之间的批发业务使用。

国际清算银行与加拿大银行、英格兰银行、日本银行、欧洲中央银行、瑞典中央银行以及瑞士国家银行共同成立了央行数字货币研究小组。欧洲中央银行执行董事会成员贝努瓦·科尔与英格兰银行副行长、支付与市场基础设施委员会主席乔恩·库利夫（Jon Cunliffe）一起负责该小组的工作，对数字货币的使用案例、设计以及技术进行评估。

央行数字货币研究小组对数字货币的评估工作与在零售层面创建泛欧数字支付服务的尝试是同时进行的。贝努瓦·科尔表示，必须借鉴美国和中国的数字货币发展策略。[3]

---

[1] 马克·卡尼已于2020年3月卸任。
[2] 原书出版于2020年，此时，项目尚未落地。——译者注
[3] 泛欧支付系统倡议（术语汇编：PEPSI）的英文缩写与百事饮料一样，从某种程度上说颇具讽刺意味。该倡议仍在讨论中。在撰写本书时，已有约20家银行参与了这项工作。不过，该倡议与数字货币无关，研究目标是可进行交互操作的推送支付。

## 第2部分 变革的动力

虽然变革是主流风向，但目前吹向我们的是加密货币的风暴。除了比特币最大化主义者的倡议，肯定还发生了什么重要的事情。著名的加密货币投资者布罗克·皮尔斯（Brock Pierce）于2013年负责首个加密货币（万事达币）的发行，在2013年与他人共同创立了区块链资金公司（Blockchain Capital），并通过该公司投资了加密货币领域的许多公司。布罗克·皮尔斯是一位喜欢不停创业的企业家，已经有很多年的创业史。《来自巴比伦，超越比特币》一书中曾引用过他的话："我认为我所做的是终结所有的风险投资、私募……我认为所有的大型风险投资都已经完了。"

这听起来有点荒谬，特别是如果人们考虑到风险投资的发展轨迹就更觉得如此了。不过，布罗克·皮尔斯说的并非无稽之谈。罗伯特·普林格（Robert Pringle）在《金钱陷阱》（*The Money Trap*）一书中写道：全球化已经"达到了与现有国际货币金融体系相适应的极限"（普林格，2014年）。要改变国际货币金融体系的压力很大，尽管比特币和其他加密货币并不代表未来的货币，但它们可以为未来的货币发展提供平台。如果可以建立一个关于未来货币的智能框架，即使笔者不能建设未来的金融机构，但可以利用这个智能框架来设计未来的货币。在布罗克·皮尔斯看来，由于加密货币的技术为"脸币"（Facebucks）、"微软币"（Microsoft moolah）和"伦敦币"（London lollies）的发行提供了技术支撑，这意味着新型的金融市场将进一步发展。

# 数字货币战争

## 犯罪证明

前面我们谈到过"硅谷标准"电子现金，也介绍了匿名性是电子现金的关键。在笔者和其他一些人看来，在商店越来越少使用现金的社会中，之所以有大量现金仍在流通，是为了逃税、实施犯罪行为、洗钱，以及其他类似的目的。这并不是说，每个想保留流通现金（特别是高价值纸币）的人都纯粹是为了最大限度降低犯罪活动成本或者为了协助洗钱。有时，人们就是喜欢现金而已。

我们快速浏览一下来自比特币世界的数据就会发现，在"合法"付款方面，关于比特币的使用量已经达到了峰值；不过，在"可疑"支付方面，关于比特币的使用量仍在不断增加。如图4-1所示，2019年最后一个季度里，关于比特币的犯罪交易量增长了三分之二［波普尔（Popper），2020年］。

图4-1　比特币使用情况

## 第 2 部分　变革的动力

然而，用不可修改的公共账簿存储犯罪交易记录似乎并不是一个很好的主意。不过，根据数据显示，公共账簿确实存储了关于比特币的地下交易记录。通济隆公司（Travelex）在2020年年初遭受的勒索软件攻击，便验证了这一点。巴克莱银行、汇丰银行、维珍银行和乐购银行（Tesco Bank）等这些依赖通济隆公司进行外汇服务的大型银行，都因为这次攻击，在数周内无法提供在线外汇服务或处理外币订单。通济隆公司在其Pulse Secure[①]虚拟专用网（VPN）服务器上有严重的安全漏洞，但是8个月没有打过系统补丁，导致公司的服务器感染了勒索软件病毒，公司数据被病毒加密。网络攻击者要求公司用比特币支付600万美元，然后才能解密。[②]此次攻击造成的破坏非常严重，但是这种攻击并不罕见。我们几乎每天都能在媒体上看到类似的报道。我们可能不太关心金融公司是不是忽略了本应采取的安全措施，以及金融公司被盗取了多少资金，但我们需要知道的是，金融公司并不是唯一遭受网络攻击者攻击的目标：医院和公共服务系统也一直在遭受类似的攻击。

我们也许应该考虑仿效芬兰的做法。早在2019年11月，就有200多个芬兰市政当局和公共组织参加了由芬兰人口登记中心负责协调的"战争游戏"，应对可能的网络攻击。虽然不是网络安全方面的专家，但是笔者认为遭受过网络攻击的公司和国家一定从中学会了必须在计算机上安装安全补丁，并备份数据。

---

① Pulse Secure，全球安全访问解决方案。——译者注
② 通济隆公司尚未透露是否已支付赎金。

## 数字货币战争

让我们回到网络攻击者要求赎金的问题上。如果网络攻击者只接受银行支票或银行转账支付作为被攻击者缴纳赎金的方式，那么勒索软件就失去了意义，这也是为什么勒索软件会和加密货币绑在一起。通过勒索软件盗窃数据的人也不是唯一使用这种新型数字货币的犯罪分子。显然，警方已经看到，犯罪分子大量涌入咖啡馆、报摊和街角的商店，将不义之财转存到虚拟货币自动柜员机中［坎伯（Camber）和格林伍德（Greenwood），2017年］。

我们不用惊慌。如果我们看一下网络空间中实际的比特币交易量，就能清楚地发现，实际情况并不是像夸张的媒体想让我们相信的那样：大众市场使用比特币的主要动力是犯罪。如果对比特币的需求主要来自犯罪企业而不是人们的投机活动的话，那么比特币的实际价值将远远低于目前[①]的价格（《经济学人》，2017年）。因为在比特币世界中根本没有足够多的犯罪活动。根据比特币在经济领域的使用情况进行的计算可以得出，比特币的价值约为当前价格的二十分之一。

关于比特币的一些描述非常荒谬，主要有两个原因。

首先，媒体通常是根据全球违禁药物市场的规模对犯罪产业的规模进行计算的。虽然没有人能够确定犯罪产业的确切规模，但犯罪产业无疑是巨大的，而且其中几乎所有交易都是用现金进行的。如果将犯罪产业中的交易资金转换为比特币，其涉及的金额将非常巨大，学习交易监

---

① 目前，是指原书出版时间2020年。本书中文版出版时（2022年），比特币价值远低于其价格。——译者注

# 第 2 部分　变革的动力

控服务的智能机器人是不可能忽略如此庞大的交易金额的。

其次，笔者没有看到任何证据表明犯罪分子正在大规模地将比特币用于毒品以外的犯罪交易。这样做的原因很明显：比特币的匿名性不强。虽然比特币的钱包地址用的是假名，但是一旦以某种方式将其与现实生活中的银行卡或其他实体连接，那么监管机构就可以监视、追踪并追溯到使用者的身份。

## 犯罪分子选择比特币的原因

比特币的匿名性是不是不够？你想想看，在比特币的世界中，聪明的犯罪分子肯定会使用"混合器"之类的东西来搞乱加密货币的来源，从而迷惑管理部门。如果上述情况发生了，那是因为犯罪分子没有大规模使用比特币。一旦犯罪分子开始大规模地使用比特币，我们毫不怀疑有关当局会迅速采取行动。因为比特币缺乏可互换性，所以很容易受监管。

出于不可避免的原因，现金是可以互换的。但是，不管比特币是什么，都不可能是现金。美国国税局将比特币裁定为商品，因此，国税局不应该跟踪每个比特币的买卖价格来确定其交易者应该缴纳的税额吗？这一点非常重要［列维京（Levitin），2014年］。

> 从美国国税局对比特币的裁定中吸取的教训是，要让货币（或任何支付系统）能够运行，其价值单位必须是完全互换、互相取代的。

## 数字货币战争

英语中可互换（fungible）一词，来自拉丁语的"去享受"（to enjoy）。这是个好词。实际上，可互换是笔者最喜欢的词之一。代币具有可互换性意味着所有的代币都可以互相替换。如果你欠我1英镑，那么你给我任何一枚1英镑的硬币都可以。任何一个1英镑硬币都可以替代其他任何一个1英镑硬币，没有人将一个1英镑硬币与另一个1英镑硬币区别开来。但比特币并非如此，它们都不一样。因为比特币各不相同，所以监管机构可以通过区块链对比特币的交易记录进行跟踪，比特币的所有交易记录永恒不变地公开。

聪明的分析师可以让他们的机器人在比特币的整个交易链中奔走，找出比特币交易中的资金的来源和去向。虽然比特币可能在媒体的描述中很神秘，但我们早就知道，区块链分析可以让监管机构对比特币用户的识别变得出乎意料的容易［西蒙尼特（Simonite），2013年］[1]。

因此，比特币是不可互换的，也就是说，监管机构可以根据比特币钱包地址追踪到它们。这让监管机构更容易掌握犯罪分子利用比特币进行非法交易的资金的去向。

货币是否有可互换性对犯罪分子的影响很大。我们刚刚看到英国高等法院在2019年出台的 *AA v Persons Unknown* 和 *Re Bitcoin* 中规定，将诸如比特币等加密资产划定为"资产"，这样比特币就能成为针对加密交

---

[1] 如果您想更好地了解比特币作为犯罪交易工具等方面的内容，可以先读读"2020年加密货币犯罪状况"（*The 2020 state of crypto crime*，Chainalysis 区块链分析公司，2020年）。由乔纳森·莱文（Jonathan Levin）与他人共同创立的Chainalysis区块链分析公司拥有监控网络货币交易的先进工具，并被联邦调查局及相关人员用来追踪黑道的资金。

## 第 2 部分　变革的动力

易的专有权益禁令的主体（加密货币交易是被允许的）。接下来会发生什么？监管机构要求加密货币交易所确定被盗的比特币的拥有者，而这些拥有被盗比特币的人将会被起诉。该拥有者可能完全不知道比特币的来源，拥有者会说他们并不知道所购买的比特币是犯罪分子通过勒索软件获得的，并要求保留这些比特币。但是，财产法不是这样规定的。即使你无意中获得了被盗的财产，法官仍然可以强制将这些被盗的财产归还给合法的所有者。

精明的犯罪分子可能会使用"混合器"和此类欺骗手段来混淆比特币的来源，扰乱监管机构的执法工作。但是，比特币和交易记录仍保留在公共账簿中，任何人都可以查看。一旦犯罪分子开始大量使用比特币，可以肯定相关监管机构将立即采取行动，找到世界上算力最强的"矿工"，让他们进一步确认容易识别的混合交易，调查潜在的洗钱活动。在撰写本书时，比特币的49%的"算力"被掌握在中国的五个矿池中，所以查询比特币的来源并不是很难。

我们现在来概括一下：比特币不是现金，现金是可互换的，比特币不可互换。如果我们想将某些东西变成现金，就需要让其具有可互换性。你想了解一些这方面的问题，建议你听听亚当·贝克（Adam Back）2014年在以色列比特币峰会上发表的演讲："可互换性、隐私和身份"。

## 如果我们的资产匿名，会发生什么

使用勒索软件的犯罪分子要将他们的比特币转换为监管不那么严格

的货币的原因是由于那些货币具有可互换性。利用勒索病毒WannaCry进行攻击的人使150多个国家和地区的30万台计算机受到感染。利用病毒进行攻击的人将他们的获利转换成了门罗币（Monero）。门罗币是一种注重隐私的加密货币。在过去一年左右的时间①里，门罗币的普及程度有所提高。这让笔者很想知道，在已经有了门罗币这种更为私密的选择时，为什么犯罪分子还会继续使用比特币，且比特币会永久保留每笔交易公开的记录。"大零币"（Zcash）就是一种隐私性更强，真正具有匿名性的特殊加密货币。在使用大零币时，除非交易方通过"选择性削弱"加密保护来透露地址，否则交易完全是机密的。笔者很怀疑，这种机密性是否会在大众市场上吸引更多的用户，但这并不表示推广大零币的人就是毫无道理的［派克（Peck），2016年］：

> 如果从完美的电子现金系统构建模块着手，那么，我们就可以构建一个便于社会使用、可以"选择性削弱"加密保护的电子现金系统。

电子现金系统要想保障隐私性，在构建时就必须使用真正的匿名基础结构，没有其他选择。但是，真正的匿名基础结构会为恶意的犯罪行为提供充足的机会，其中某些行为甚至可能对整个社会造成重大的损害。

---

① 原书出版于2020年，此处是指由2020年往前推一年左右的时间里。——译者注

## 第2部分 变革的动力

在大零币系统中,有两种地址类型:"透明"的和"受保护"的。透明的地址和大零币的发送金额都像在比特币中一样,显示在区块链上。如果用户选择使用受保护的地址,则该地址不会在公共账簿上显示出来。如果大零币的发送者和接收者都选择使用受保护的地址,那么发送金额也会被加密。

**明与暗**

交易者可以选择交易是否可见的想法很有趣,不过尚未有人对此进行过深入的研究。我们可以使用元技术来构建现金替代系统。在现金替代系统中,匿名交易的成本要高于非匿名交易。在艺术家奥斯汀·霍尔兹沃斯[①](Austin Houldsworth)构思的犯罪支付系统中,可以实现这一目的。

2012年,笔者向英国计算机协会介绍了奥斯汀·霍尔兹沃斯的犯罪支付系统。笔者假扮成了"唐·罗杰斯(Don Rogers)先生",这是为了表演特意创造的身份。观众对此没有产生任何怀疑,笔者为他们设计了新的支付系统。不得不说,观众才是整个过程中最优秀的人!事实证明,这是一次颇具娱乐性和启发性的体验(见图4-2)。

---

① 当然,奥斯汀最著名的设计是《来自巴比伦,超越比特币》一书的封面。而且他还获得了"未来金钱设计奖",并拥有皇家艺术学院授予的博士学位。

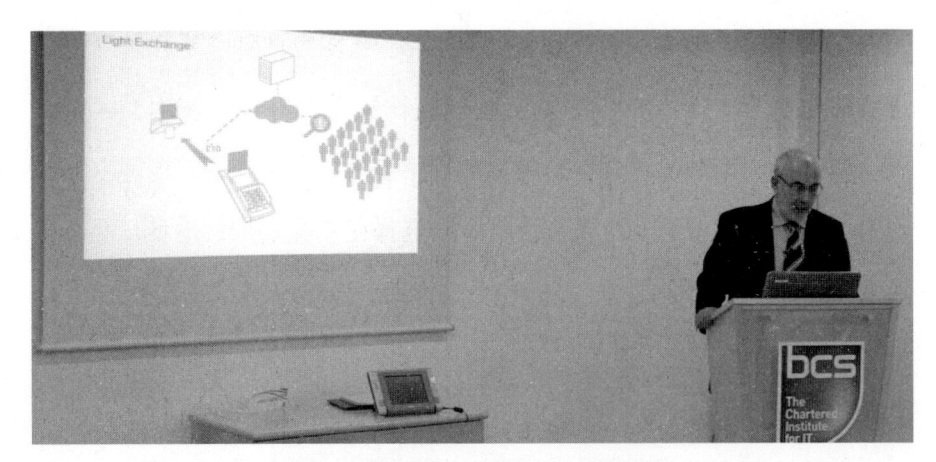

图4-2 假扮唐·罗杰斯发表演说

在犯罪支付系统中，数字付款可以是"明"的，也可以是"暗"的。犯罪支付系统中，一种交易类型是"明"的。当然，系统默认的交易类型是"明"的，而且对用户免费，所有"明"的交易历史都将上传到公共空间中（当然，这里指的是区块链）。这样，任何人在任何地方都可以查看犯罪支付系统中交易的详细信息。另一种交易类型是"暗"的，在此情况下，系统先进的加密技术将使这类交易记录完全不可见，而匿名交易的用户需要支付每笔10%～20%的小额费用。

因此，犯罪支付系统可以以合理的价格为你的财务情况提供隐私服务。犯罪支付系统产生的收入将由政府用来弥补地下经济中的税收损失。

**矛盾的便士**

仔细想一想便会发现，我们所设想的交易模式中存在一些悖论。我们希望我们的交易是匿名的，但是，我们又希望跟踪、追溯和监视其他

## 第2部分　变革的动力

人的交易，因为其他人可能是犯罪分子。很显然，我们不希望恐怖分子得到匿名电子现金，但我们又希望我们支持的人能够使用匿名电子现金。

那么，如何解决这个矛盾呢？一个选择是，我们假设匿名现金的使用者主要是犯罪分子，那么，拥有匿名现金可被视为犯罪的初步证据。你可能会说，匿名性实际上可能会帮助到执法部门的工作，而且由于没人知道匿名交易者是不是机器人，警察可能会使用大规模的大数据分析、模式识别、机器学习和其他各种方法去识别。笔者完全不清楚上述犯罪分子要如何进一步突破法律的界限，虽然他们的现金是匿名的，但是，他们的手机位置每隔50毫秒就会被记录一次，他们经过的每个街角的监控都会扫描他们的脸。

由于公司没有进行适当的风险分析或设计安全的产品，犯罪分子通过勒索软件得到加密货币可能仍然很容易，但是，犯罪分子想要花掉通过勒索软件获取的加密货币会变得越来越难。

**安全预测**

如果犯罪分子不能用比特币洗钱，那会用它干什么呢？当然犯罪分子不是用比特币购买商品或服务，比特币也不能作为价值储存或作为延期付款的机制，因为人们没有理由认为十年后比特币还会存在。

布拉姆·科恩（Bram Cohen）（发明比特流①的人）的话非常言简意赅。

---

① 比特流，是一种内容分发协议。——译者注

他说，使用比特币支付比传统支付方式更贵，也更不方便，而且也比许多采用新技术的支付方式要贵得多。这是比特币爱好者不愿意听到的。克雷格·赖特（Craig Wright）在这方面提出了一个很重要的发现，他说："比特币起初是一项安全服务，靠比特币并不能创造财富。使用比特币的人需要为这项服务付费。"

就未来的比特币而言，以前的比特币是一种人们愿意付费使用的共享式安全服务，而不是一种新型的付款方式或新型的货币。前国际货币基金组织首席经济学家肯尼斯·罗格夫（Kenneth Rogoff）对上述观点表示赞同（罗格夫，2016年）。这种共享式安全服务可以应用于很多领域，很多应用领域尚待开发。人们会对比特币的应用领域进行尝试研究，并设法构建可行的比特币付款服务。但是，笔者不相信比特币付款服务会取代维萨卡和万事达卡的大众市场支付服务，或者成为替代美元的货币。

**没有达成共识**

关于比特币的遗留问题，笔者还有一点要说，对于加密货币而言，至关重要的是要建立货币的共识机制，而且不需要花旗银行在中间记录过程。比特币和类似的基于区块链的加密货币，如以太坊，通常被人们认为是在执行"中本聪共识"。这意味着加密货币没有执行就共享账簿状态达成共识的完整协议，而是向拥有绝大部分算力的区块链授予了特权。换句话说就是，哈希率就意味着霸权。这就是说，建立货币共识可能需要一段时间，而货币共识也可能会持续一段时间。

# 第2部分 变革的动力

不过，人们对共识协议都很熟悉，共识协议高度发展，并且被广泛用于创建货币的替代方案［克拉夫琴科（Kravchenko）等，2018年］。特别是密码学家一直在研究所谓的拜占庭容错协议（BFT），该协议是指参与者之间通过投票就账簿状态等内容达成一致，只要恶意参与投票者不超过三分之一，这些协议就有效。因此，当拜占庭容错协议的参与者数量有限时，拜占庭容错协议就能够很好地运行，因为投票开销不会太大。不过，共识协议的一些变化，也可以让参与者更多的组群进行互动，例如：恒星币（Stellar）中使用的拜占庭联盟协议。

因此，尽管比特币激发了人们对使用共享账簿的兴趣，但是由可信任的有限参与者来维护共享账簿的状态，而不是依赖集中系统（这是银行支付网络出现故障时经常暴露的漏洞）或类似比特币的数字货币的资源、费用等来进行维护。上述方法提供了一个共享账簿架构，也就是蒂姆·斯旺森（Tim Swanson）说的，共享账簿与金融系统相"一致"（斯旺森，2015年a）。

**变更代理**

那么，比特币是什么意思？如果比特币不能成为主要货币甚至贵族货币，比特币要怎么办？的确，比特币的价值不是零，但是笔者也不确定比特币的价格实际上意味着什么。正如作家大卫·杰拉德（David Gerard）说的那样：数字会上升，数字也会下降。

实际上，在笔者写这本书的过程中，加密货币的总体价值都在下跌，而原始的加密货币——比特币的价格一直在上下波动。经济学家

## 数字货币战争

约翰·凯（John Kay）不相信基于投机的泡沫[1]会导致任何后果（凯，2018年）。他写道：和历史上的泡沫事件相比，加密货币的基础非常弱，加密货币泡沫更像郁金香泡沫，加密货币不是铁路或者电力等这些革命性的创新技术。约翰·凯曾说过："加密货币当前的优势在于，它融合了众多特征，构成了具有吸引力和感染力的故事。"这与某些观察家将比特币当作抗议运动而非金融革命的观点非常相似。

不过，笔者怀疑约翰·凯可能是错的。比特币将产生很大的影响，并创造新的市场。约翰·凯在书中提到的铁路提醒了笔者，当前人们对加密货币的狂热，与工业革命后出现的并在19世纪中叶达到顶峰的、人们对铁路的狂热非常相似。早在2011年12月，笔者就在《金融世界》（Financial World）上写过相关文章，指出维多利亚时代英国的铁路非常繁荣。世界上第一条铁路于1830年在英国利物浦和英国曼彻斯特之间开通，不到20年的时间里（1849年），伦敦铁路和西北铁路就成了当时的"苹果"，即地球上最大的公司之一。

这场关于铁路的繁荣导致了1866年的大规模危机。危机是由银行业造成的，这其实是因为银行一直在向无法偿还的铁路公司提供贷款。不过，就像在2007年美国金融危机[2]中一样，政府必须对这次危机做出回应。为此，美国政府暂停了1844年的《银行法》，允许银行以纸币而不是黄金来进行支付，这才使银行得以继续经营。但是，银行并不是"太大而不能倒"。一家著名的银行——英国的欧沃伦格尼银行（Overend

---

[1] 泡沫，是指价格远高于实际价值的情况。——译者注
[2] 2007年8月9日开始浮现的金融危机。——译者注

## 第2部分  变革的动力

Gurney）就倒闭了。在1866年5月10日的挤兑（通常认为这是北岩银行倒闭之前，英国银行经历的最后一次挤兑）之后，欧沃伦格尼银行暂停了付款。欧沃伦格尼银行不仅毁了自己的股东，还导致大约200家公司（包括其他银行）倒闭[1]。

铁路公司很大，很多普通人都对其进行了投资。1867年，当铁路公司的董事去拜访首相，要求将铁路国有化以阻止公司倒闭（因为无法偿还贷款或吸引新的资本）[2]，他们并没有见到被顾问、支持者们团团包围的前英国首相戈登·布朗（Gordon Brown）。随后，这位首相中止了竞争法。实际上，铁路公司的董事见到了本杰明·迪斯雷利[3]（Benjamin Disraeli）。本杰明·迪斯雷利让铁路公司的董事闭嘴，因为他不明白，不管企业规模如何，如果企业经营不善的话，为什么还要帮助这些企业。

不用说，铁路经济并没有崩溃。你也注意到了，我们现在还有火车和铁轨。一个新的铁路工业从旧工业的废墟中诞生了，就像在公共领域和私有领域中的新数字货币将从比特币的灰烬中崛起一样。运输服务保持运转是因为新的工业经济需要它们，并且新的工业经济还在不断增长。而新的后工业经济需要一个新的运输网络，需要传输的是字节而不是铁和煤，而这正是比特币的后继产品和派生物能够提供的。1866年的危机不仅影响了铁路运输和依赖铁路的行业，就像比特币危机产生的影

---

[1] 欧沃伦格银行的董事还被控犯有欺诈罪，但由于法官说他们只是白痴而不是犯罪分子，而被释放了。
[2] 对整个英国经济，特别是对铁路公司进行投资的孤儿寡母等造成了可怕的后果。
[3] 本杰明·迪斯雷利，三届内阁财政大臣，两度出任英国首相。——译者注

响也会大大波及在线毒品交易和疯狂投机以外的事物一样。

铁路公司倒闭后，各类型公司引入了基本的公司会计标准，这给英国经济的发展带来了巨大的好处，推动了维多利亚时期资本主义的发展［奥德里兹科（Odlyzko），2011年］。危机不仅让铁路行业得到了更大的发展，还促进了其他行业的发展，并表明新的会计标准和报告标准业已形成。

历史已经反复经历了这种从技术到商业及法规的循环演变，最终形成了普遍和根本的社会运行方式。国际清算银行支付和市场基础设施委员会主席贝努瓦·科尔（Benóit Coeuré）和市场委员会主席杰奎琳·洛（Jacqueline Loh）都指出过这一点。他们说，虽然比特币及其同类产品就像海市蜃楼一样，但它们都是变革的早期信号，就像为之前的智能手机开辟了道路的PalmPilots掌上电脑一样[1]（科尔和洛，2018年）。

这种表述是非常合理和恰当的。那么，比特币及其同类产品开辟了什么道路？笔者想应该是比特币及其同类产品开辟了一种新型的市场。在新型市场中的数字资产交易都无须进行单独结算，加密货币通过制度性安排与现实世界中的资产相连接。新型市场支持类似货币的数字化无记名票据或者我们在第二章中提到的"代币"的新型支付方式。这些潜在的（可能是匿名的）加密货币并不是未来货币，代币（完全不是匿名的）才是。如果比特币泡沫破裂的结果是监管机构加强了对数字货币平台的监管，那么，这些基于代币的新型市场将有助于后现代资本主义的

---

[1] 这种比较甚至比预期的更有趣，因为在开发贝宝时，它被当作一种使用当时最新的红外"光束"技术的汇款方式。

## 第2部分 变革的动力

发展,这就像一个多世纪前,人们创造了公司会计标准后,帮助了维多利亚时代的企业家一样。

我们可能不会使用加密货币进行买卖,但是,我们可能会使用加密货币作为保护加密资产的手段,而可以转换成数字货币的货币将是其中一种我们需要保护的加密资产。

## 为什么要使用数字货币

现在看一看我们需要某种形式的数字货币的原因。这种数字货币可能是公共的或者私人的,也可能是法定货币或者某种形式的虚拟货币。我更希望对此实施积极的货币政策。在有关数字货币的报告中,戴森和霍奇森(2016年)阐述了向数字货币过渡带来的六个主要好处(表4-1),即创新性、普惠性、有利息、稳定性、铸币税和可作为替代品。笔者将通过这六个方面来讨论数字货币给人们带来的好处。不过,要说明的是,笔者不认为数字货币将由中央银行提供。

表4-1 数字货币的好处

| | | | |
|---|---|---|---|
| 创新性 | 数字货币为人们提供了更新更好的支付体系 | 稳定性 | 数字货币的交易风险更低 |
| 普惠性 | 所有人都可以使用数字货币的产品和服务 | 铸币税 | 数字货币为国家而不是银行带来收益 |
| 有利息 | 数字货币可以作为经济管理工具的利率 | 替代性 | 数字货币可以作为新经济的新型金融工具 |

# 数字货币战争

下面将更详细地研究数字货币的这些好处，同时还要加入欧洲央行的视角，这样才能真正了解数字货币是否真的能够带来这些好处，以及数字货币的重要性［宾德塞尔（Bindseil），2020年］。

**创新性**

对于现金使用的减少和零售支付部门的"过度集中"（欧洲中央银行的观点）的状况，数字货币可以促进支付系统的创新，让普通人受益。在研究现金替换方案和总结如肯尼亚的M-Pesa等大规模实践的经验时，笔者得出了以下结论：在系统之外提供良好的应用程序接口，并允许创新者在此基础上构建新的产品和服务，是一种变革性的举措，而且可以激发真正的创新，让支付系统能够更好、更有效地服务于涉及更广泛人群的经济。

**普惠性**

数字货币可以改善金融普惠性。在这里，笔者不想探讨金融普惠性与社会普惠性之间的复杂关系，而数字货币与数字身份之间的关系也不是个有趣的话题。不过显然，数字货币的框架必须与其他监管框架［如客户背景调查（术语汇编：KYC）和反洗钱（术语汇编：AML）规定等］进行积极的交互，可以通过随时访问低价值数字货币账户实现金融普惠性。

请记住，受现金经济困扰最大的人，就是那些被困在现金经济边缘的人。

# 第2部分 变革的动力

## 有利息

很多国家的中央银行都在报告中指出,包括英国英格兰银行在从2020年3月起全面提供的央行数字货币咨询中也提到过,数字货币可以丰富央行货币政策的手段。数字货币可以通过克服零利率下限(ZLB),扩大现有货币政策工具的覆盖面,创建新的工具,如"直升机撒钱[①]"。需要注意的是,如果中央银行不停止发行更高面额的纸币,就可能会带来损失,无法获得收益。如果中央银行发行的大面额纸币多,尽管这有助于满足对于反洗钱和反恐融资(术语汇编:CTF)的要求,也会面临新的挑战。还要注意的是,国际清算银行表示:尚不清楚目前的利率转嫁能力是否足够强。笔者不确定所有经济学家都认同这一观点。

当然,发行人可能会决定对数字货币余额支付加仓费,而且有观察家认为,如果发行人是中央银行,这样也有助于简化货币政策。

直接将某种形式的数字货币发放给老百姓的货币政策并不新鲜(霍克特,2019年a)。不过,随着2020年的新冠肺炎疫情的暴发,上述货币政策再次成为人们关注的焦点。美国民主党针对美国的刺激方案发布的第一稿(长达1100页的《为工人和家庭承担责任法案》)中就包括使用数字货币刺激消费的政策,即通过发放"数字美元钱包"直接进行消费刺激的条款。数字钱包是用于储存可能与用户的数字身份或实际身份相关的数字美元的电子设备或服务。这些数字货币并没有进入美国刺激方案1400页的最终提案中。

---

[①] 直升机撒钱,一项极端的货币政策,指中央银行以税收返还或其他名义发货币发放给消费者,以刺激消费。——译者注

# 数字货币战争

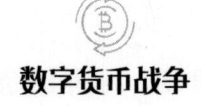

不过，数字货币又出现在了美国参议员谢罗德·布朗（Sherrod Brown）提出的法案中。谢罗德·布朗是参议院银行、住房和城市事务委员会资深成员。该法案要求提供一个计划，让公民可以建立一个被称为"美联储账户"（FedAccount）的数字美元钱包。根据金融行动特别工作组（FATF）2020年3月发布的远程数字登录指南（金融行动特别工作组，2020年），数字美元钱包可以通过当地银行和邮局远程打开。这种做法是通过即时数字登录让绝大多数人都能够在几分钟之内注册、下载美联储的应用程序，并开始使用。然后，用户就可以使用"美联储账户"并确保有权获得新冠肺炎相关救济的所有人都能便宜、快速地获得救济金。笔者完全同意美国参议员提议中所代表的精神，但是人们真的在美联储或任何其他中央银行中拥有账户吗？不是，笔者将在第六章中对此进行解释。

不过至少可以说，如果新冠肺炎危机被证明是触发发达国家由现有货币向数字货币过渡的一个因素，那将是一个非常有趣的变化。尤其是在美国这样一个还在用纸质支票给绝望的老百姓寄钱的国家中。正如布鲁金斯学会所说［克莱因（Klein），2020年］：

> 我们的政府怎么能在危机期间无法向众多美国人直接发放救济金，而是要用一个月以上的时间来发送纸质支票？

## 铸币税

数字货币可以让中央银行重新获得一部分铸币税。正如前面提到

# 第 2 部分　变革的动力

的，铸币税是在货币发行中产生的。印制50英镑的纸币不需要花费50英镑。因此，如果50英镑的纸币被数字货币代替，并且银行因为人们不再使用纸币而停止印制纸币，那么，英国英格兰银行的利润就会下跌。稍后讨论货币局时，会再回到这个问题上。

据英国的计算表明：如果大多数人将大部分支出从银行账户转为数字现金，则英国英格兰银行的铸币税收入大约可能翻一番。正如美国《华尔街日报》所说：这个问题在美国更严重，因为美元处于货币金字塔的顶端，收到了来自世界其他地区的巨额铸币税收入［拉斯金（Raskin）和叶尔马克（Yermack），2016年］。下面的情况会让你对美元的发展动态有更直观的感受：在过去几十年中，流通中的美元的价值每年以大约7%的速度增长（比GDP多一到两个百分点），其中大部分是100美元的钞票。现在，人们对于50美元和100美元面额纸币的需求仍很旺盛，不过，对于大额美元纸币的需求确实也在放缓。美元的流通量约为15000亿美元（其中有价值12000亿美元的100美元面额的纸币）。官方估计，其中有一半以上的100美元面额的纸币在美国境外［贾德森（Judson），2017年］。

就整个欧元区而言，商业银行赚取的私人铸币税的估值约为1000亿欧元。

## 替代性

数字货币可以用来创建替代传统银行贷款的金融工具。将银行的创造货币业务与贷款业务分开，可能会导致贷款减少，对经济产生影响。

对银行来说，信贷供应以及可能替代这些贷款的新型金融产品都会对银行产生影响。

这将我们带入了之前讨论的去中心化金融领域。笔者无法说去中心化金融是好还是不好，因为既不能说好，也不能说不好。在欧洲议会的报告中，菲德勒（Fiedler）等人指出了市场参与者将银行存款转换为数字货币，导致当前部分储备银行系统的核心将受到挑战（2018年）。欧洲议会的报告指出，商业银行可能需要提供除存款以外的资金来源。但是，由于当前银行系统的部分储备金的性质可能是不稳定性的主要来源，这可能不是一件坏事。实际上，可能恰恰相反。我们先不去讨论去中心金融系统可能是什么样子，但我们一定可以发现新的更好的金融工具替代银行信贷业务。实际上，新的金融工具可能会为更稳定的金融体系铺平道路。

## 稳定性

数字货币可以通过提供一种无风险的银行账户替代品，来提高金融稳定性。如欧洲中央银行工作文件所述，通过缩减银行规模来降低商业银行道德风险，可以缓解流动性风险和信贷风险的集中性，从而提高金融稳定性（宾德塞尔，2020年）。这意味着，商业银行将成为信用经纪人，而不是信用创造者，也就失去了信用创造中的私人铸币服务员的身份。笔者不是经济学家，笔者认为降低"太大而不能倒"的系统（银行系统）的重要性可以减轻银行体系潜在的不稳定性在其他方面造成的后果。

不过，这不仅与银行系统的稳定性有关。如果人们能够以中央银行

## 第 2 部分　变革的动力

货币的形式，而不是无保障银行账户的形式持有资金，非银行金融机构将尤为受益。

顺便提一句，戴森和霍奇森指出，法定数字货币的存在（正如我们将在第六章中看到的那样）可能会加剧银行挤兑，因为人们无论出于何种原因，都会将其他形式的货币转换为无风险的中央银行货币。（2016年）英国存在的无风险数字货币有可能导致外国银行资金以英镑数字现金的形式流入英国，进而推高汇率。

不过，来自中央银行的数字货币只是稳定数字货币中的一种。我们还应该探索其他的数字货币，因此，让我们更详细地研究一下数字货币吧。

## 探索稳定性

有个潜在的假设是，任何以加密货币为基础的实用数字货币都需要证明自己具有合理的稳定性，才能获得统治地位。因此，"稳定币"一词时不时会被天秤币和其他数字货币的发行者提到。不过，稳定币实际上是什么意思？英格兰银行在其博客"地下银行"（Bank Underground）中解释说，稳定币通常有两种设计：有资产支持的设计和无资产支持或者无"算法"的设计（戴森，2019年）。这个分类当然是正确的，但笔者还是想对稳定币进行更细化的分类。美国加州大学伯克利分校的巴里·艾肯格林（Barry Eichengreen）确定了四种稳定币，如表4-2所示（艾肯格林，2019年）。巴里·艾肯格林的这种分类对笔者非常有帮助，笔者也会按这种分类进行解释。

表4-2 稳定币的分类

| 类别 | 支持 | 实例 |
| --- | --- | --- |
| 完全抵押 | 资产（包括"1级"资本和法定货币） | 天秤币、电子克朗 |
| 加密抵押 | 加密货币 | 贷币（Dai） |
| 未抵押 | 算法 | 基础币（Basis） |
| 部分抵押 | 资产和算法 | Saga币 |

每个类别的稳定币，都已经有人在不同时间、不同情况下进行了各种尝试，虽然稳定币目前仍处于初期阶段，但我们可以看看以下一些例子，将其作为参考。

**完全抵押的稳定币：电子克朗**

抵押包括"自我抵押"，即中央银行创建数字货币作为抵押。瑞典中央银行的"电子克朗"试点项目就是对"自我抵押"的尝试，前文已经讨论过了，此处不再赘述。

**加密抵押的稳定币："贷币"（Dai）**

改变稳定币规模的首次尝试来自"贷币"的提供者Maker机构。撰写本书时，大约有10亿美元的加密货币被捆绑为这种"贷币"的抵押品，而"贷币"的价值是与美元挂钩的，这种挂钩是通过使用抵押债仓（术语汇编：CDP）的反馈循环来运作的。有了抵押债仓，用户可以把加密资产存入智能合约作为贷款抵押。当抵押债仓中有用户存放的资产

# 第2部分 变革的动力

时,该用户最多可以借入相当于美元价值三分之二的"贷币"。用户可以使用"贷币"进行交易、付款等。当用户偿还了与最初借入数量相同的"贷币"后,才可以取回存放在抵押债仓内的资产。不过,用户为了借用"贷币"而生成的最初的抵押债仓也会产生利息,因此,用户必须偿还借入的"贷币"及抵押债仓产生的利息,以收回其存放在抵押债仓内的资产。有效的抵押债仓必须始终拥有比用户拥有的债务更高价值的抵押物。当抵押债仓内的抵押品价值低于债务价值时,抵押债仓会面临被清算(罚款13%)、被出售的风险。

试图将一个"贷币"的价值保持在1美元的算法非常复杂,这里不再赘述。但是,可以说这些算法会根据用户对"贷币"的需求来调整"贷币"的供应[迪普里斯科(DiPrisco),2017年]。

## 未抵押的稳定币:"基础币"(Basis)

"基础币"(Basis)最初被称为Basiscoin,最初的稳定币是一种基于建立完全由算法而非资产支持的稳定币的尝试。稳定币是由一家资金雄厚的初创企业推出的,该企业从谷歌风投公司、硅谷风投公司、安德森·霍洛维茨基金(Andreessen Horowitz),以及贝恩资本(Bain Capital)等风投公司获得了1亿美元的资金,但是,这家企业最终于2018年关闭,并将剩余资金还给了投资者。

该企业有一个有趣的想法,就是创建一个能够提供稳定币的"算法中央银行"[卡斯蒂洛(Castillo),2018年a]。通过在价格下跌时自动回购基础代币,并在价格上涨时铸造新的代币,该算法的创建者希望能够提供一种新的全球性货币。不过，他们最后发现监管问题（特别是监管的不确定性）是无法克服的障碍。

## 部分抵押的稳定币：Saga币

Saga（或SGA）币是一种稳定币，它是在2019年年底推出的，其设计团队中包括好几位来自以色列银行的前中央银行家［辛格（Hinge），2019年b］。

Saga币在一定程度上是由储备金支持的（这给特别提款权投下了阴影）。在货币发行时，储备金为100%，但随着流通货币价值的上升，储备金就会变得微不足道。这背后的概念是，随着人们对货币的信任度的提高，对储备金的需求就慢慢消失了。企业将从"算法上"管理流通中的Saga币的货币量，并保持货币的价值。[1]

Saga币的治理结构很有趣，其设计旨在确保货币持有人在货币运行中能享有发言权。持有Saga币的人可以指定会议成员，而该会议有权解散Saga币的执行理事会。此外，还设有货币委员会，该委员会负责对管理Saga货币政策的智能合约进行监督。

Saga币监管机构要求用户通过适当的客户背景检查，从而消除数字货币常见的洗钱问题。

---

[1] 包括芬兰银行数字化负责人在内的一些观察家对此表示怀疑，他们评论道："很显然，佐贺是由他们发行的，而且是由他们管理的，而不是由代码或算法管理的。"他们还声称，佐贺正将这种结构"用作避免监管的手段"。

# 第 2 部分　变革的动力

**维持稳定**

运用上面的分类方式，假设部分抵押的货币很难获得人们的信任，而且加密抵押这种模型并未经过验证（可能还有危险），关注以下三种主要机制可以帮助提供稳定的货币。

**第一种机制是算法**，即由算法来管理数字货币的供求，确保数字货币的稳定性。这才是真正稳定的数字货币。由于数字货币仅由数学来支持，所以，由数学管理货币供应，确保货币价值相对于外部基准也能保持稳定。

**第二种机制是资产**，即用一种资产或一篮子资产对数字货币提供支持。笔者不知道人们将这种数字货币称为稳定币的原因，实际上，数字货币仅对支持它们的特定资产保持稳定。例如：一种由原油支持的货币对原油是稳定的，仅此而已。

**第三种机制是货币**，又称货币局（我们将在后面进行讨论），类似于由资产支持的货币。但在这种情况下，支持数字货币的资产是法定货币。现实生活中已经有很多这样的例子。例如：保加利亚的当地货币（列弗）是由100%的欧元储备金支持的。

关于第三种机制，实际上是现有欧盟指令下所定义的电子货币的内容，因此货币已经受到了监管。由法定货币支持的数字货币（如摩根币）只是提供了一种便捷的方式，即无须通过银行网络，就可以在互联网上转移价值。在某些实用案例中，基于第三种机制的稳定币在成本和便利性方面都是一个优势，但与最初设想的稳定币相比，还有很长的路要走。

2019年11月，美国金融犯罪执法网（术语汇编：FinCEN）负责人明确表示，由于美国监管机构对技术保持中立，因此，使用任何类型的稳定币进行的交易都必须符合《银行保密法》（术语汇编：BSA）的规定。出于反洗钱和反恐怖融资的目的，任何此类服务的管理员都必须在美国金融犯罪执法网中注册为货币服务公司（2019）。在英国，通过的《2019年洗钱和恐怖主义融资（修订）条例》提出了比欧盟在2020年1月通过的欧盟《第五反洗钱指令》（术语汇编：AMLDV）更多的规定，要求所有数字资产业务都必须符合英国关于反洗钱和反恐怖融资的规定。新型市场正在形成。

通过如此严格的监管审查，这些货币还会流行起来吗？

我们很难预测，但笔者的总体感觉是，最令人关注的是由资产支持的数字货币，而这类货币也最有可能引发金融和银行业的实际革命。算法稳定币和法定稳定币可以用来满足用户对价值转移的需求，但传统方式正在为这一需求提供越来越多、越来越好的服务。例如：笔者注意到，现在使用TransferWise国际汇款转账服务平台，可以在11秒内从英国汇款到中国香港，这一壮举只有双方的支付网络直接连接才能实现。当笔者可以用更快、更省钱的方式发送法定货币时，为什么还要使用法定代币呢？

当然，你可能会说，数字货币委员会将允许那些被排除在全球金融体系之外的人持有和转移价值。对此笔者仍持怀疑态度。有很多不用银行账户即可持有和转移电子价值的方法（如M-Pesa）。一般来说，由于法律规定（如客户身份识别），世界各地没有银行账户的人们可能都不能持有和转移价值。如果我们要增强金融普惠性，就应该从增加多种持

## 第 2 部分　变革的动力

有和转移电子价值的方法这里开始。如果你要求用于存放电子货币的电子钱包也必须进行用户识别，那么，用户还不如去开一个银行账户，对吗？

有些人会认为，加密货币的匿名性和隐私性使它们对某些行业非常具有吸引力，但是在与法律与良好的商业惯例相结合时，这个窗口自然就会关上。如果加密货币被大规模用于犯罪行为时，监管机构就必须努力对加密货币进行监管。对于犯罪分子来说，比特币不是一个很好的选择，因为比特币留下了公开的、不能篡改的记录。不过我们可以想象一下未来的情况，也许拥有一种匿名加密货币就能成为洗钱的初步证据。

看到稳定币的"稳定"一面后，我们将钱投入第二种机制中。以代币的形式交易由资产支持的货币，是具有真正的市场逻辑的。希望看到各种货币的爆炸式增长。如果中央银行货币成为一种重要的资产类别，则表明，我们需要考虑的是基于私人资产的货币与基于法定货币（或合成货币）的货币之间的竞争。

# 第5章　重新思考货币

---

贸易和金融工具作为发明，都是由人类想象力衍生的产物。

——约翰·兰切斯特，《纽约客》撰稿（2019年）

如果当前的国际货币金融体系已行将末路，而新的技术让我们可以开始考虑其替代方案的话，我们该怎么才能让人们理解新的货币及其运作方式？在2019年于伦敦举办的环球银行金融电信协会国际银行运营研讨会（术语汇编：Sibos）上，笔者的好朋友布雷特·金（Brett King）[《银行2.0》（Seminal Bank 2.0）一书的作者]和笔者一起向听众提问，让他们通过观察相关书籍的作家们对支付、银行业和货币的未来的看法，想一想未来金融业会发生什么。

有一部乌托邦式的未来小说，碰巧讲到了一些关于货币的事，因此吸引了笔者的目光。这对于乌托邦的愿景来说有些不寻常，因为正如奈杰尔·多德（Nigel Dodd）在2014年出版的《货币的社会进程》（*The Social*

## 第 2 部分 变革的动力

*Life of Money*）一书中所写的那样,从柏拉图的《理想国》(*Republic*)到《星际迷航》(*Star Trek*),乌托邦似乎根本不涉及钱,更不要说M-Pesa或比特币了。

让我们感兴趣的是这样一个故事:一个人在催眠中睡着了,过了一个世纪才醒来,发现自己置身于一个模范社会中,不过后来又发现这只是一个梦。这个故事的叙事弧用现代人的眼光很难读懂,因为作者想象的是一个完美社会。每个人都为政府工作,既然政府规划者可以优化生产,那自由市场的"低效"就不复存在了。

在这个新世界里,我们时间旅行的主人公兼叙述者,被他的主人——好医生爱德华·利特(Edward Leete)告知现金已经不存在了。大家都用"信用卡"进行零售交易。①

虽然作者没有说到电话、激光束或知识经济,但他确实对货币的演变做出了深刻的预测。在说到一个美国人要去柏林旅游时,利特博士指出,对于国际旅行者来说,使用这些"信用卡"而不是外币是多么方便。利特博士说:"一张美国信用卡和以前的美国黄金一样好用。"

这很好地描述了金本位制结束后,我们的世界的变化。然而,对货币的未来最吸引人的见解,是在书的后半部分。当时间旅行者问他21世纪的主人:"信用卡的发放对女人和男人来说是一样的吗?"利特医生回答说:"当然。"这个答案会让我们注意到这个故事的年代。实际上,

---

① 然后,他接着描述了在当时的技术中,实际上是离线的预授权借记卡,但那是凭空捏造的。

# 数字货币战争

这是笔者发现的最早一本提到信用卡的小说了。这本书由美国作家爱德华·贝拉米（Edward Bellamy）所著，书名为《回顾，2000—1887》（*Looking Backward, 2000—1887*）。这本书写于1886年，这是在信用卡成为现代货币标志性代表之前的一个世纪，这本书是当时非常畅销的书籍之一。

笔者不禁会想，这本书中关于货币的论述是一个很好的例子，说明科幻小说讲述的是关于现在这个时代的事情。书中利特医生回答的"当然"，显然就是为了让维多利亚时代的读者大吃一惊。我们需要一个作家，而不是经济学家或技术专家来提出关于货币的简单问题。

## 预测很难，尤其是关于货币的未来

现在，让我们来预测一下半个世纪后的货币会是什么样子。对未来学家而言，一个很好的经验是，如果要预测之后50年的情况，至少需要回顾过去的100年，因为变化的速度是越来越快的。一个世纪前，我们有了电话，全球即时通信将全世界的市场联系在了一起，有了英格兰银行和美联储，有了电汇业务。我们建立了世界上第一家商业航空服务公司，恰巧还加速了美国芝加哥和纽约之间的美国支票清算。

一个世纪前，我们也迎来了古典金本位时代的终结。古典金本位体系的消亡是由全球冲突和大萧条造成的，最终导致英国在1931年永久性地放弃了古典金本位体系。古典金本位时代是从第一次世界大战中期开始的，一直持续到1925年。第二次世界大战后，我们建立了布雷顿森林货币体系，该体系以美国的度假胜地布雷顿森林的名字命名。正是在

## 第 2 部分　变革的动力

这个度假胜地，来自44个盟国的730名代表[1]制定了新的和平世界的国际货币金融体系［康维（Conway），2014年］。布雷顿森林体系一直维持到1973年，当时与美元挂钩的欧洲国家宣布将切断与美元的联系。因此，布雷顿森林体系已经终结了，取而代之的是经济学家们后来称为布雷顿森林体系Ⅱ时代。

布雷顿森林体系Ⅱ时代是个由美元主导国际贸易的时代，新兴市场的购买力使美元被高估，也提高了新兴市场出口国的竞争力。美国本身也累积了大量持续的收支往来账户赤字。从本质上讲，美国过度消费的资金来自新兴国家，这些国家对美国的资产投入了资金。美元的总体流动是自美国的消费者流向积累储备外汇的出口商（主要在中国），再由出口商通过贷款（如从美国国债贷款）回流到美国，为扩大进口提供资金等。

许多人认为我们现在正走向布雷顿森林体系Ⅱ时代的终结。正如《经济学人》最近观察到的（《经济学人》，2019年b），国际贸易之所以复杂，是因为大多数国家都有自己国家的货币，这些货币以特殊的方式流动，可以压低汇率，提高竞争力。换言之，我们根本不清楚接下来会发生什么！

有人错误地认为目前的中心化社会将占上风，而比特币最大主义者则幻想拥有一个完全去中心化的社会。如果不考虑这些的话，我们要如何形成关于对未来社会的构想？我们听过管理者的演讲，读过银行家们

---

[1] 英国的代表是约翰·梅纳德·凯恩斯（John Maynard Keynes）。

的年度报告，也看过技术专家们的演示，还为企业家们的幻灯片鼓过掌。但你的脑海中产生过对未来社会的构想吗？也许现在应该回到开场白了：创造一个让当代观众同样觉得惊讶的故事，就像爱德华·贝拉米对维多利亚时代的读者做的那样。

## 科幻虚构太难了

那么，我们期待今后的几代人会看到什么？像《星球大战》的世界中拥有被全宇宙接受的"银河信用"吗？不太对。在这种情况下，可以用马克·卡尼设想的合成霸权货币来作为宇宙的贸易货币吗？

在《星际迷航》的世界中，没有钱，只有佛瑞吉人用黄金压制的拉锑锭。拉锑锭之所以贵重，是因为它是唯一不能复制的物质吗？未来的金融体系会像科幻作家查尔斯·斯特罗斯（Charles Stross）所著的《海王星一家》（Neptune's Brood）中那样的金融体系吗？《海王星一家》中的金融体系中既有"快钱"又有"慢钱"，但这都依赖于密码技术，该体系的传播速度只有光速的三分之一。

人们如何进行交易？我们也许可以借鉴一下罗伯特·海因莱恩（Fobert Heinlein）所著的《超越地平线》（Beyond the Horizon）中的内容：政府有一个"集成累加器"（我们现在称为"许可式共享账簿"）来记录市场中的所有交易，而财政部部长有一个仪表盘，让他可以看到市场的经济状况。"集成累加器"听上去很像玛格丽特·阿特伍德（Margaret Atwood）的《女仆的故事》（The Manifold's Tale）一书中的"计算机银行"。《女仆的故事》中详细描述了"计算机银行"落入狂热分子手中

# 第 2 部分　变革的动力

会发生什么。《女仆的故事》中的神权政府禁止女性使用支付卡。现金在未来真的会被禁止使用，还是会像威廉·吉布森（William Gibson）《零伯爵》（*Count Zero*）一书中描写的那样？在《零伯爵》这本书里，主人公发现自己身处不远的将来，他有现金，但不能用现金购买食物。拥有现金在那个时代其实并不违法，只是没有人用现金做过任何合法的事情。[①]

如果货币作为交易媒介消失了会怎么样？我们是否会发现自己身处布鲁斯·斯特林（Bruce Sterling）所写的《分心》（*Distraction*）一书中的世界：分布式服务器将声誉作为货币来管理。科里·多克托罗（Cory Doctorow）在《在魔法王国里流浪》（*Down and Out in the Magic Kingdom*）一书中也呈现了这一主题。我们自然会被这些书中关于未来的描述所吸引，在这样的未来中，身份、信任和声誉将我们与新石器时代的遗产重新联系起来（笔者2014年出版的《身份就是新货币》一书的中心主题），我们将摒弃各种中间媒介。我们是应该从现在就开始为交易环境进行场景规划，还是应该让技术专家为我们选择未来？

## 转向合成货币

技术专家至少不应该是唯一根据新技术重新思考货币的人。故事需要更多的人来创作。数字货币既是一个技术问题，也是一个政治问题。

---

[①] 坦白地说，这听起来像是瑞典，而不是未来的反乌托邦。

# 数字货币战争

英国英格兰银行行长马克·卡尼在美国怀俄明州杰克逊霍尔小镇所发表的讲话，很明显地说明了这一点。他在讲话中表示，一种全球数字货币可能是解决美元在当今全球货币体系中的不稳定主导地位的答案（贾尔斯，2019年）。他所提到的问题是，美元的霸权地位是在第二次世界大战后形成的，当时美国占全球出口的28%。但是，根据国际货币基金组织的数据，目前[①]这个数字是8.8%，然而美元仍然主导着国际贸易［麦克（Michaels）和瓦因（Vigna），2019年］。这意味着，对美元和以美元计价的工具的需求，仍然人为地居高不下。所以，美元仍然是世界储备货币，尽管美国的国内生产总值在世界生产总值中所占的份额在过去60年中减少了近一半（图5-1）。

图5-1 美国占世界生产总值的份额

---

① 原书出版时间为2020年。——编者注

## 第2部分 变革的动力

在10笔外汇交易中，约有9笔涉及美元（人民币的外汇交易情况约为1/25）。国际清算银行的数据显示，非美国银行持有约120000亿美元的美元资产（其中中国占10000亿美元）。这些资产必须由美元负债提供资金。美元作为主导交易货币，影响力非常大［桑德布（Sandbu），2020年］。美元的其中一个问题是，在供应链全球化的世界里，强大的美元会阻碍全球贸易。这些长长的供应链是为了提高行业内的效率而创建的，对进出口商有融资要求，这通常是以美元的形式向美国以外的以美元进行交易的企业提供贷款。这种贷款的可用性随着美元汇率的变化而变化，因此，当美元价格较低时，银行会发放更多的贷款；而当美元走高时，跨境价值链融资成本将增加，阻碍贸易增长，进而也会阻碍经济的繁荣发展［布鲁诺（Bruno）和信（Shin），2019年］。

强势美元的另外一个问题是，恶化了非美国贸易国的贸易条件，而且也损害了新兴经济体（以美元借款）的财务状况。从整体上看，美元存在的这些问题对美元作为交易货币的作用似乎产生了相当大的负面影响，所以马克·卡尼才会有如上的评论。

马克·卡尼在讲话中还谈到了前面提到的合成霸权货币的想法，这是替代货币单位（术语汇编：ACU）的一种形式，一个有着悠久历史的概念［阿夏姆（Ascheim）和帕克（Park）1976年］。从广义上讲，有两种替代货币单位。一种替代货币单位是由官方机构创建的，主要用于官方的国际交易，如国际货币基金组织的特别提款权。另一种替代货币单位是由私人公司发起的，用于商业交易。

特别提款权（它的代码是ISO4217的"XDR"）是在布雷顿森林固

定汇率体系下，作为一种补充性国际储备资产而设立的。1973年，布雷顿森林体系崩溃后，主要货币转向浮动汇率制度，减轻了我们对特别提款权作为全球储备资产的依赖。特别提款权最初确定为0.888671克纯金，当时相当于1美元。1973年，特别提款权被重新定义为一篮子货币。这一篮子货币（最后一次审查是在2015年）由5种主要的世界货币组成，如表5-1所示。

表5-1  特别提款权

| 货币 | ISO 4217 | 权重 |
| --- | --- | --- |
| 美元 | USD | 41.73% |
| 欧元 | EUR | 30.93% |
| 人民币 | CNY | 10.92% |
| 日元 | JPY | 8.33% |
| 英镑 | GBP | 8.09% |

因此，特别提款权既不是货币，也不是对国际货币基金组织的债权，而是可以自由使用国际货币基金组织成员国货币的一种潜在权利，可以利用特别提款权来兑换这些国家的货币。此外，特别提款权是国际货币基金组织和其他一些国际组织（如亚洲开发银行）的记账单，并用于一些国际协定。如《海事赔偿责任限制公约》（Convention on Limitation of Liability for Maritime Claims）中有关于特别提款权的限制规定。

还有其他一些有关替代货币单位的例子，既有私有的，也有共有

## 第2部分 变革的动力

的。欧元的前身欧洲货币单位（术语汇编：ECU）原本可以利用新的数字货币技术成为跨境贸易的"硬电子欧元"。马克·卡尼在说下面这段话时，心里想的就是这种"官方"的欧洲货币单位（杰弗里和辛格，2019年）：

> 我们认为天秤币和其他潜在的新的支付解决方案，正在让目前的支付体系的缺陷显现出来。英国国内支付体系的发展仍然太慢，而跨境支付则更为糟糕，成本更高，执行时间也更长。因此，我们需要提出一个新的货币架构，并努力将其搭建好。

马克·卡尼还说，英国的中央银行将通过金融体系为英国人民服务，其本身不为银行和保险公司服务，它们是金融中介机构，也为金融体系服务。

替代货币单位作为合成霸权货币，就是马克·卡尼设想的一个很典型的例子。这是由官方机构为国际交易所创建的，可以成为电子版本的特别提款权。实际上，世界银行前任特别提款权负责人已经提出了这样的建议，要求国际货币基金组织根据货币局制度（后续会阐述货币局制度），并在"官方特别提款权或五种篮子货币主权债务的组合提供的100%支持"下，制定发行和使用市场特别提款权的程序［科茨（Coats），2019年］。

# 数字货币战争

## 货币局制度

正如我们在讨论数字货币类型时所指出的，由其他篮子货币提供100%支持的法定数字货币被称为货币局制度。这并不是个新事物。事实上，货币局制度曾经相当普遍，大约65个国家曾使用过，而且在20世纪，货币局制度曾有过复苏的苗头（汉克和舒勒，1998年）。

货币局本身是一个发行货币的机构，发行的货币可以转换成外部的"储备"资产（如其他法定货币）或者按需以固定汇率购买的某种商品。货币局的储备相当于100%的流通中的数字货币，甚至可能更多一点。货币局的利润（铸币税）通过其所持有的证券赚取的利息与创建、维护数字货币的费用之间的差异产生。从历史上看，货币局往往由政府管理，因此所有超出发行货币所需费用的利润都会流回政府。

货币局没有自由裁量权，也没有独立的货币政策。谁负责供给资产或管理储备资产供给，货币局就遵从谁的货币政策。总的来说，这是一件好事，因为如果一种平民货币能够得到适当的管理，就不需要货币局。

使用稳定的货币会带来显著的经济效益。津巴布韦是一个经常会被提到的例子。津巴布韦政府在2009年2月引入了"多种货币"体系，美元成为其官方货币。在这种情况下，当时该国所有经济部门都得到了改善，其国内生产总值在一年内就从−15%增加到到6%。稳定和可预测的汇率政策以及适当的货币政策管理，确保了其宏观经济的稳定性，并促进了经济增长［汤森（Townsend），2018年c］。我们从中吸取的经验是，对于经历了恶性通货膨胀的国家来说，非常需要稳定的汇率和稳定的货币。

## 第 2 部分　变革的动力

当货币局以外币为基础时，人们使用货币局发行的数字货币就像直接使用外币进行国内交易一样，还获取了在国内产生的（本应由外币发行人获得的）铸币税。这与之前讨论的美元化或由美元流通产生的经济渗透形成了鲜明的对比。如果有数字美元的话，在网上交易的数字美元会发挥类似的功能，铸币税也将继续流向美国。因此，对于一个货币不稳定的发展中国家来说，有了货币局，就可以在不放弃铸币税的情况下，获得美元化带来的巨大好处。美联储估计，约有三分之二的美元正在美国境外流通，而且不太可能回流回美国。这相当于由世界其他地方向"山姆大叔"提供了大量的无息贷款。

实际上，货币局制度成绩斐然。货币局通过不把货币供应完全交给政府或私营部门来控制，从而实现货币供应的非政治化，并通过获得全额储备和外部资产来保护经济。

### 数字货币：厄瓜多尔元

厄瓜多尔中央银行（BCE）启动了一项全国性的移动支付计划，这是在拉丁美洲进行的一个有趣的数字货币创建实验。2000年，后金本位制的拉美货币"苏克雷"被废除后，美元成为厄瓜多尔的法定货币。因此，这项全国性移动支付计划也用了类似的名字。

你们还记得关于转让铸币税的观点吗？这就是移动支付计划启动的动力。从本质上说，在厄瓜多尔流通的美国联邦储备委员会的纸币（美元）就是一种无息贷款。厄瓜多尔中央银行希望能够拿回铸币税，并通过数字货币局取代美元。

## 数字货币战争

显然，货币局要想取得成功，就必须取得人们的信任。这种信任来自数字货币的透明度。如果货币局的管理者基于存在的资产发行数字货币，资产就在那里，那么，货币的使用者——用户和企业将乐于兑换数字货币。然而，如果货币局的管理者基于不存在的资产发行数字货币，资产不在那里，那么，数字货币就会半途而废，厄瓜多尔将无法从现金过渡到数字货币，并获得好处（《经济学人》，2014年b）。

就厄瓜多尔而言，由于其发行的数字货币缺乏透明度以及民众缺乏信心，该国政府在2017年12月放弃了移动支付计划。厄瓜多尔国民议会取消了移动支付计划，并向私有商业银行和储蓄机构的移动支付替代品开放了市场［怀特（White），2018年］。

津巴布韦的情况也为我们提供了类似的教训。2019年年初，津巴布韦开始采用实时全额结算美元（RTGS）作为该国的数字货币。这是针对津巴布韦的银行用户账户中所持有的美元而发行的货币，与"债券票据"和外币同时在该国使用。2019年年中，津巴布韦禁止该国人民在大多数交易中使用外币。由于银行缺乏维持实时全额结算美元兑换所需的美元储备，这些数字美元的价值开始暴跌。到2019年年底，数字美元的黑市价格从2.5比1美元跌至25比1美元。

### 跨国实体货币：非洲金融共同体法郎（术语汇编：CFA）

非洲金融共同体法郎是由"法国非洲殖民地法郎"更名而来。实际上，非洲金融共同体法郎涵盖了两种货币：西非非洲金融共同体法郎（XOF）和中非非洲金融共同体法郎（XAF），它们是在1945年法国批准

## 第2部分　变革的动力

布雷顿森林协议时创立的。

- 西非非洲金融共同体法郎由西非国家的中央银行在塞内加尔首都达喀尔发行，在科特迪瓦、塞内加尔、马里、布基纳法索、贝宁、尼日尔、多哥和几内亚比绍多个国家使用。
- 中非非洲金融共同体法郎由位于喀麦隆首都雅温得的中非国家的银行发行。

虽然上述的货币是两种各自独立发行的货币，但这两种货币始终是对等的，而且这两种货币在任何情况下都可互相兑换。这两种货币都得到了各自国家在法国财政部的储备存款作为担保，而且可以获得0.75%的利息。

需要指出的是，笔者并不具有评论非洲金融共同体法郎所处的政治经济情况的资格。该货币的支持者声称，该货币带来了稳定的局面，让使用它的国家免于通货膨胀的困扰。而该货币的批评人士则指出，这种货币非常强势，使其经济区内的大部分不发达国家和农业国家的出口商品比其实际更贵。由于该货币不能贬值，因此限制了其经济区的经济增长。

非洲金融共同体法郎实际上维持了法国与其前非洲殖民地之间的准殖民贸易关系。不过，英国《金融时报》称，西非非洲金融共同体法郎将被一种叫作"eco"的新数字货币所取代，而且中非非洲金融共同体法郎可能也会走上同样的道路［皮林（Pilling），2020年］。这意味着，使用中非非洲金融共同体法郎的国家将不再需要将一半的外汇储备留在法国，也不必让一名法国特使在其中央银行董事会中占据一席之地。数字货币"eco"将继续与欧元挂钩,并由法国担保,这种联系在危机时一定会受到考验。不过,这仍代表非洲已经开始向被欧洲殖民的过去告别。

值得注意的是,东非共同体(EAC)成员国——布隆迪、肯尼亚、卢旺达、南苏丹、坦桑尼亚和乌干达,已经决定在未来五年[①]内建立一个统一的货币体系。该计划已经写入了东非共同体货币联盟议定书中,内容包括建立东非货币研究所(EAMI)。在合适的时候,该研究所将变成东非中央银行。

## 跨国数字货币:硬欧洲货币单位

国际货币基金组织是提出《华盛顿共识》(*Washington Consensus*)的主要机构之一。拉加德(Christine Lagarde)曾担任该组织总裁。拉加德在2017年英国英格兰银行举办的中央银行和金融科技会议上发表演讲时说,虚拟货币(她指的是数字货币)实际上可能比法定货币更稳定(拉加德,2017年)。她还解释说:"比如:相关机构可以为美元,或者稳定的一篮子货币发行一对一的虚拟货币。"

这个想法很有意思,不过她并不是第一个有这种想法的人。很多年前,时任英国财政大臣的约翰·梅杰(John Major)就提出过类似的欧元替代方案,当时被称为"硬欧洲货币单位"。

这个硬欧洲货币单位背后的想法是,创建一种被所有欧洲国家接受

---

[①] 未来五年,是指2020年往后的五年。——译者注

# 第2部分 变革的动力

的泛欧洲数字货币。可惜的是,欧洲国家最终错失了这个机会,而笔者也不是唯一有此想法的人。《记忆银行》(The Memory Bank)是一本从人类学角度讲述货币的书。该书作者基思·哈特(Keith Hart)写道,用欧元取代各国的货币是一个重大的错误。早在2012年,他便进一步指出,硬欧洲货币单位就是政治管理的法定货币和低通货膨胀的替代品:作为一个多元化的选择,英国和瑞士等未加入欧元区的国家会很喜欢这种形式(哈特,2012年)。

硬欧洲货币单位(笔者之前喜欢称为"电子欧洲货币单位")是个比欧元更好的想法。但是,约翰·梅杰提出的这个想法并没有得到重视。约翰·梅杰设想的,是一种企业和游客都可以使用的跨境货币。企业可以用硬欧洲货币单位开设账户,在整个欧洲进行交易,这样不仅把成本降到了最低,而且没有外汇风险。游客则可以拥有在整个欧洲大陆使用的硬欧洲货币单位支付卡。每个国家仍继续使用自己国家的货币。例如:在英国,你仍然可以使用英镑的纸币和硬币以及以英镑计价的卡。这样,就节省了更换货币的费用。

在拉加德和约翰·梅杰之前就曾有人提出过类似的想法,甚至可以追溯到英国撒切尔夫人(Margaret Thatcher)执政初期,和1983年欧洲议会有关欧洲货币体系的报告。当时,如果中央银行能够仅关心货币的稳定性,上述提议就会得到议会中政治和国家团体的支持,其中也包括德国人。英国撒切尔政府想在欧洲推行一种实用的单一货币:一种在欧洲市场扩展英国金融服务业的手段。不过,推行单一货币这个措施未能实现,后来出于政治原因,欧洲区对欧元的推动使其被永远搁置了。

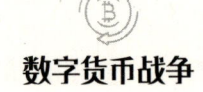

不过，这个想法非常可行，推出基于法定货币储备的数字货币很合理，而且这种数字货币也有可能成为霸权货币。

## 探索性分类：戴蒙美元（Dimon dollar）

笔者对之前所讨论的利用技术平台所创造的货币进行了分类，为了就此进行说明，我们现在来看看"摩根币"（JPM Coin）的例子。笔者记得2019年媒体曾报道过，摩根大通（术语汇编：JPMC）正在推出一种加密货币，来改变支付业务。正如美国全国广播公司财经频道（CNBC）当时报道的那样，摩根大通宣布推出加密货币，似乎预示着将形成新的商业形式。该企业区块链项目的负责人奥马尔·法鲁克（Umar Farooq）对关于加密货币的愿景进行了清晰的解释。他说，对新交易技术创新性使用方法的应用是无穷无尽的，任何涉及企业或机构的分布式账本都可以使用加密货币改变支付业务［松（Son），2019年］。

很多人看过之后说，这就是摩根大通的储蓄业务，不过是换了个名字而已。还有一些苛刻的人（并不包括笔者）认为这就是一种销售噱头。不过，这比普通的销售噱头有趣多了。笔者认为探索一下摩根大通推出加密货币的背后的原因，将有助于我们了解国际金融和货币体系下的加密货币和代币的问题。

我们从摩根大通试图解决的问题开始。假设我们要在摩根大通的"仲裁"（Quorum）区块链上运行应用程序。"仲裁"区块链是摩根大通的一种基于以太坊的区块链网络，是双重许可的以太坊分叉（即"仲

## 第 2 部分　变革的动力

裁"区块链需要获得用户访问它的许可,以及用户参与消费过程的进一步许可)。笔者对"仲裁"区块链网络很感兴趣,而且一直很想知道它是如何开发和帮助定义被称为"企业共享账簿"(术语汇编:ESL)软件的类别的。假设想在"仲裁"区块链上的应用程序支付一笔费用,不是用想象中的互联网货币,而是用美元来换取某些服务,那么,这项费用可以成功支付吗?企业共享账簿应用程序无法发送电汇或使用信用卡,因为它们只能访问账簿上的数据。如果用户必须用信用卡在"仲裁"区块链上的应用程序上支付费用,且该应用程序可以在企业共享账簿网络中的1000个节点上执行,那么我们最终会在几秒内触发上千个信用卡支付。你可以发现这样做根本行不通!

解决上述问题的一个方法是,让"预言机"向分类账簿报告银行账户的状态,并让"观察者"("自定义执行者")在银行账户的账簿镜像中寻找状态变化,让它们可以指示在实际银行账户中进行相应的更改。不过,这意味着要将数百万银行账户的"安全支出"限额计入账簿之中。

解决上述问题的另一个更实际的方法是,在"仲裁"区块链中添加代币,并允许"仲裁"区块链上的应用程序互相发送这些代币。据笔者所知,这就是摩根币的用途。不得不说,这是解决问题一种相当标准的方法,而摩根大通并不是第一家采用这种解决方案的企业。位于纽约的签名银行(Signature Bank)为企业用户推出了一项服务,要求最低余额为25万美元,使用类似的许可以太坊分叉,将美元兑换成ERC-20标准代币[卡斯蒂洛(Castillo),2018年b]

这些摩根币引发了大量的讨论,特别是在2018年举办的柏林商业支付生态系统会议上。笔者在会议上说，应该把戴蒙美元当作一种电子货币。笔者的想法如下，也希望能对本书后面的分析做下铺垫。

- 戴蒙美元是"金钱"吗？不是。戴蒙美元是一种加密资产，也就是说，戴蒙美元是一种与现实世界资产具有制度性约束的数字资产。在某些情况下，它表现出类似金钱的特性。就笔者个人而言，笔者很乐意将戴蒙美元归为数字货币的一种形式。戴蒙美元是不记名工具，用户可以在不进行清算或结算的情况下进行交易。
- 戴蒙美元是"加密货币"吗？不是。加密货币的价值基本上是由数学决定的，因为产生货币的算法是已知的，而加密货币的价值只取决于已知的供给和未知的需求。当然，加密货币的价值还取决于各种市场操纵。加密货币的价值不是由机构、政府或其他机构确定的。
- 戴蒙美元是"稳定币"吗？不是。一枚稳定币通过管理硬币的供应，其价值相对于法定货币会保持在一定水平。然而，无论市场需求如何，戴蒙美元的价值都由摩根大通来维持。
- 戴蒙美元是"货币局"吗？不是。如前所述，货币局使用另一种货币的储备来维持一种货币的价值。例如：津巴布韦货币局会以100%的南非兰特为储备发行津巴布韦元。

戴蒙美元是电子货币，是一种特殊的数字货币。

这样说的主要原因是，根据欧盟指令2009/110/EC，电子货币的定义：以电子（包括磁性）方式存储的货币价值，电子货币所代表的是发行人收到支付交易资金后发行的债权，由电子货币发行人以外的自然人

## 第2部分　变革的动力

或法人所接受。

这听起来很像是在说，如彭博社所言，戴蒙美元是一种代表在指定摩根大通银行账户中美元的数字硬币（莱文，2019年），戴蒙美元是一种无记名的票据，所以用数字硬币来形容它很合适。戴蒙美元的持有人有权从银行获得美元，因此，似乎它在欧盟指令定义的范围之内，因为除了摩根大通以外的实体，包括摩根大通的客户，都接受用戴蒙美元来进行支付。[①]

戴蒙美元的出现证实了笔者的观点，即代币形式的数字资产交易是当前加密货币发展中最具吸引力的方面之一，也是实现稳健数字货币的一个非常合理的机制。

## 反思制度

数字货币发展的趋势给了我们一个机会，让我们能够重新思考目前关于货币、薪酬、银行业务以及电子现金本身的一些概念。我们可以利用数字货币的出现来推动国际货币金融体系的变革。我们非常需要这些变革，为了支持新经济的发展，国际货币金融体系正在被重塑，而反洗钱制度是特别需要改革的一个领域。

看起来，反洗钱制度运行得似乎不是很好（《经济学人》，2019年c）。

---

[①] 笔者收回把摩根币称为"数字现金"的说法，因为笔者需要在摩根大通建立一个账户来持有它们。

# 数字货币战争

在过去10年里,由于洗钱和违反经济制裁规定,银行向监管机构缴纳了280亿美元的罚款,还有大约95亿美元的罚款,这是因为监管机构判定银行向逃税者提供帮助。随着罚款的增加,银行的相关支出也在增加,而且数量惊人。截至2018年年底,在花旗集团的20.4万名员工中,有15%从事合规、风险控制职能方面的工作(而10年前仅为4%),中国香港汇丰银行有5000名员工从事反洗钱工作。汇丰银行和中国香港渣打银行每年在反洗钱方面的支出均达到了5亿美元。根据英国金融行为管理局(Financial Conduct Authority)的估计,英国银行每年的反洗钱支出总额约为50亿英镑。

英国ComplyAdvantage公司[①]监管技术方面的专家表示,总的来说,在全球每年约2万亿美元的洗钱中,只能确认并终止其中1%~3%。即使金融服务机构和其他企业拥有无限的合规工作预算,也不可能雇用到足够的人员来完成这些工作。而且,即使拥有合规或风险控制领域专业知识的人数不胜数,但让他们加入金融服务机构或其他企业也太费时、费钱,且不够灵活,无法创建一个能够适应新环境的合规性基础架构。技术是唯一的出路。不过,使用技术实现现有程序自动化,只是解决方案的一小部分。根据英国国家打击犯罪调查局(National Crime Agency)的统计,英国金融情报局(UK Financial Intelligence Unit)每年收到的可疑活动报告超过了46万次,而欺诈行为数量仍在继续上升。

---

① ComplyAdvantage公司,该公司利用人工智能技术提供追踪金融犯罪的服务。——译者注

## 第 2 部分　变革的动力

此外，正如欧洲刑警组织负责人罗布·温赖特（Rob Wainwright）去年指出的那样，欧洲银行每年在客户调查、反洗钱、反恐融资和政治公众人物监控上的花费高达200亿欧元，但效果却非常有限。事实上，他说："专业洗钱者——我们已经确定了400名欧洲顶级的洗钱者，正在通过银行系统清洗数十亿来自毒品和其他犯罪活动的利润，成功率达到了99%。"这不是"红色皇后竞赛"，这是犯罪的一级方程式比赛，坏人就在前面，但我们没法超过他们。

反洗钱指令由欧盟成员国在2020年年初颁布［托马克（Tomac）和拉金斯基（Lagodzinski），2019年］，但该指令不太可能改变这种犯罪推演方法。与之前的指令相比，在该指令下，各机构的成本将大大增加，甚至会进入失控的状态。根据在咨询公司Hyperion的同事撰写的2017年白皮书，客户调查流程目前平均每年会花掉银行6000万美元（约合5300万欧元）。一些大型机构每年在客户背景调查和客户合规尽职调查（术语汇编：CDD）方面的支出高达5亿美元（约合4.41亿欧元）。等到反洗钱指令执行后，我们将会怀念这个合规成本如此有限的时代。

是到了我们该进行反思的时候了。我们需要重新设计监管机构和合规部门，停止实施客户调查、反洗钱、反恐怖融资和政治公众人物监控等措施，建立护照、可疑交易报告等电子版本。在这个机器学习和人工智能的世界里，我们需要打破原有的范式，不应该用合规尽职调查把犯罪分子挡在系统之外，而应该把坏人带进系统，然后使用人工智能、模式识别和逻辑分析来找出犯罪分子在做什么，再抓住他们！

当然，从执法的角度来看，执法部门也最好知道犯罪分子在干什

么，跟踪犯罪分子的资金流向意味着更容易发现和渗透进犯罪网络，并生成执法部门可以用来处理犯罪资金流动的信息。在其他金融服务业务中，1%的成功率都会使公司的战略和管理受到质疑。

因此，用数字货币取代现金——即使在一定程度上是匿名的，也应该被视为朝着一个更好的制度迈出的积极一步，这种制度实际上会为执法提供更多的帮助。

# 第6章　创建法定数字货币

中央银行应该发行一种新的数字货币吗？比如：一种由国家支持的代币，或者一种用户可以直接在中央银行持有账户的数字货币，并供个人和公司用于零售支付？

——克里斯蒂娜·拉加德（Christine La garde），

新加坡金融科技节（2018年）

为什么不干脆取消银行账户，让中央银行为所有人提供数字货币呢？此举会产生相当重大的影响。澳大利亚证券和投资委员会（Australian Securities and Investment Commission）主席格雷格·梅德克拉夫特（Greg Medcraft）直接对现状提出了质疑[埃尔斯（Eyers），2017年]：

传统的银行往来账户在未来十年内可能会消失，因为中央银行将创建数字货币，并直接向客户提供支付账户。

## 数字货币战争

考虑到这一点,我们需要弄清楚央行数字货币是什么样的货币。就职于欧洲中央银行的乌尔里希·宾德塞尔(Ulrich Bindseil)提出了一个非常清楚的分类方法,令人钦佩。他认为,央行数字货币可以作为第三种基础货币,既不同于存放在中央银行的隔夜存款(目前仅适用于银行、特定的非银行金融公司和一些官方部门存款人),也不同于钞票。这种分类方法有点偷懒,但是我们可以把存放在中央银行的隔夜存款称为"批发"货币,把钞票称为"零售"货币(宾得塞尔,2020年)。我们对批发类型的数字货币不是很感兴趣,重点应该放在零售类型的数字货币上,也就是以中央银行货币的形式提供给所有家庭和企业的数字货币。换言之,央行数字货币就是通用的法定数字货币,如图6-1所示[比尔格(Bjerg),2017年]。

无论央行数字货币对社会有多大的好处,都存在两个众所周知的问题(见图6-1)。第一,央行数字货币会使银行非中介化。第二,央行数字货币可能会摧毁银行,因为用户将会把银行存款换成零风险的央行数字货币。中央银行行长们天生就有点保守,他们不希望像比特币发行者那样去中介化(disintermediate)或摧毁银行。因此,他们会寻找双层解决方案,即中央银行创建并监控数字货币,而商业银行负责对央行数字货币进行管理。

因此,虽然中央银行可以通过让公众直接在中央银行或国有银行(如邮政储蓄银行)持有账户来实行央行数字货币,但更可能是中央银行通过在商业银行或其他机构(如欧盟的支付机构)的特定账户向公众提供央行数字货币,这些商业银行和机构都会受到相应的监管。如果中

# 第 2 部分　变革的动力

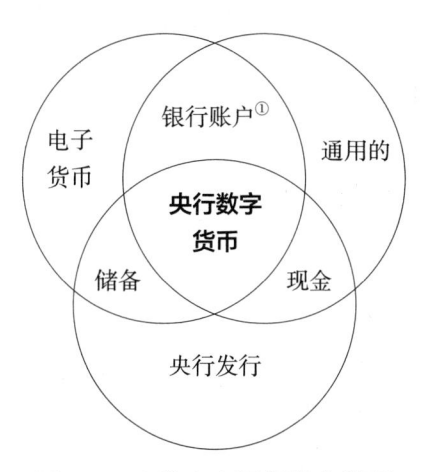

图6-1　定位中央银行数字货币

央银行是通过商业银行或其他机构向公众提供央银数字货币，商业银行或其他机构会在中央银行的独立准备金账户中持有相应数量的资金，这种方法有时被称为合成数字货币［费尔南德斯·维拉维德（Fernández Villaverde）等，2020年］。这与20世纪90年代世行主导的实验（如蒙德克斯电子钱包等）没有什么区别，只是使用了新的技术。在任何情况下，如果我们不了解社会对央行数字货币的实际需求，以及社会想要什么特点的数字货币的话，那么就很难说什么才是最好的。

## 法定数字货币的特点

我们有动力，我们要继续前进，我们要创建央行数字货币。如果我

---

① 在实际情况中，并不是任何人都可以使用银行账户，但这对我们的讨论来说并不重要。

## 数字货币战争

们回到表3-1（见第三章），集中讨论一个特定的央行数字货币的话，就会发现有一些很明显的关于央行数字货币的基本概念，而我们在创建数字货币时，需要牢牢记住这些概念。英国中央银行的本·戴森（Ben Dyson）和杰克·米恩（Jack Meaning）提出了一种特殊的数字货币，这种货币可以由一家具有特定特点的中央银行发行（与"法定数字货币"相对应）。这似乎是一个很好的开始。他们所描述的法定数字货币是这样的（戴森和米恩，2018年）：

- 法定数字货币是通用的（任何人都可以持有）。
- 法定数字货币可计息（利率可变）。
- 法定数字货币可按票面价值（即一对一）兑换纸币和央行储备金。
- 法定数字货币基于与真实身份相关联的账户（不是匿名代币）。
- 法定数字货币可从银行账户中取款（与提取钞票的方式相同）。

这是一个相当合理的定义：央行数字货币是一种法定数字货币，是一种特殊的数字货币。这很有道理。

几年前，圣路易斯联邦储备银行（Federal Reserve Bank of St. Louis）副总裁戴维·安德尔法托（David Andolfatto）表示：很难看到中央银行提供数字货币的负面影响（安德尔法托，2015年）。笔者同意他的观点。不过笔者一直认为，中央银行将只是数字货币的提供者之一，而且，正如我们将看到的，路线已经在划定之中，我们还应该关注的是中央银行的资金。因此，我们有理由问一问法定数字货币将如何运行。

我们得先了解几个问题。例如：央行数字货币应该是中心化的、分布式的，还是去中心化的？《经济学人》在一篇关于让每个人都能获得

## 第2部分　变革的动力

中央银行资金的文章中指出：考虑到银行的账户只提供基本服务的特性，这样的话，行政成本应该很低（《经济学人》，2018年）。考虑到中心化系统的成本最低，所有迹象似乎都指向类似M-Pesa那样的系统，那只不过是由政府运行，而不是使用联邦数据库或去中心化的共享账本构建的系统。世界经济论坛指出：有人反对这种以账户为基础的系统，而这种想法不无道理，因为这样的系统对现有商业银行的商业模式提出了更大的挑战。而笔者设想的以代币为基础的替代品，更像是现金的替代品（世界经济论坛，2020年）。

不管怎样，向法定数字货币的转变都将重组金融体系，因此，我们需要仔细规划如何向法定数字货币转变。如果人们开始使用法定数字货币而不是纸币，并将资金从他们（在一定程度上是无风险的）的银行账户转换到他们在中央银行的法定数字货币的余额，那么这可能会开启整个银行业的非中介化进程。这就是为什么经济学家要区分代替钞票的法定数字货币和代替银行存款的法定数字货币。从图6-2中可以看出，银行存款几乎占欧元区银行融资需求的一半，而且成本较低。如果要把银行存款业务拿走，必须为银行制订一个满足其融资需求的计划。

正如美联储理事莱尔·布雷纳德（Lael Brainard）在2019年10月的一次演讲中指出：人口规模的公共或私人数字货币对当前商业银行的商业模式提出了挑战，既可能使银行在支付中失去中介化的作用，也可能影响其资金来源（布雷纳德，2019年）。此外，这种货币的广泛使用，会降低银行交易数据的可见性，影响银行给风险定价的能力。中国很早就认识到了这个问题。在中国，非银行移动支付的兴起，是以减少信用卡和借记卡业务为代价的。移动支付的兴起限制了商业银行对用户数据的访问，而这种访问对新兴的商业模式至关重要［维尔道（Wildau），2016年］。

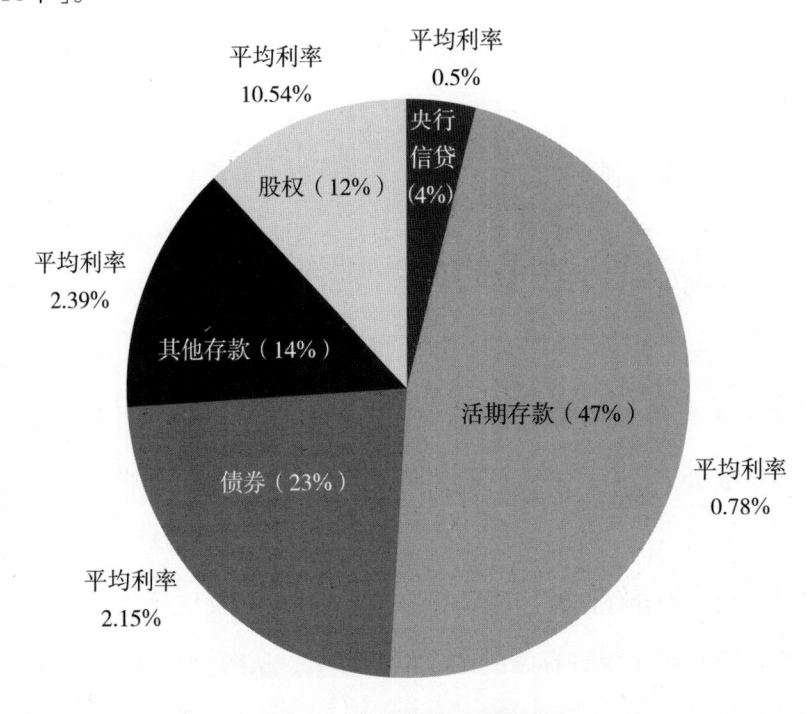

图6-2 欧洲银行融资成本

（饼图数据：平均利率10.54% 股权（12%）；平均利率0.5% 央行信贷（4%）；平均利率0.78% 活期存款（47%）；平均利率2.15% 债券（23%）；平均利率2.39% 其他存款（14%））

我们在后面会讨论数字货币的影响，届时笔者会假设讨论的是"更大"的法定数字货币，它将为商业银行存款提供无风险的替代品。与稳定币、货币局或商业银行数字货币相比，欧洲中央银行对这种法定数字货币的建模似乎表明双层[1]数字货币的商业案例至少是合理的。也就是

---

[1] 请注意，这并不是欧洲央行所说的"双层"的意思，是指笔者在上文中提到的概念。

## 第 2 部分 变革的动力

说，法定数字货币由中央银行根据商业银行存款进行管理，而个人和企业从商业银行获得法定数字货币。

## 零售货币

现在，记住这些问题，并想一想加密货币和数字货币之间的区别，然后让我们回顾一下创建法定数字货币的几个关键问题。

- 中央银行发行法定数字货币（即法定数字货币）的货币制度在任何地方都没有过。这其中一个主要原因是，直到现在才有让货币制度具有可行性和富有弹性的技术。既然我们已经有了相应的技术，那么就应该使用它，就需要从最基本的原则出发来设计我们的新货币系统，而不是模仿我们目前存在的货币系统。
- 决策者可能不喜欢私人数字货币的货币属性，即拥有一种与外部预先确定的货币供应相竞争的货币，虽然，私人数字货币可能对个人和企业有利。
- 由目前的货币向法定数字货币的转变意味着，中央银行将不得不授予他人对其资产负债表的全天候电子化通用访问权限，该权限以本国货币计价，并收取相应的利息。
- 运行数字货币系统最便宜的选择，是像M-Pesa这样的完全中心化的架构。一些观察家认为，给每个人在中央银行开立一个账户是最便宜、最简单的方法。支持这种方法的人认为，这种"直接"中央银行业务比目前的"间接"方法更有效，更利于储蓄，也更利于消费者（霍克特，2019年a）。

# 数字货币战争

- 除了出于低成本的考虑，可能还有其他原因，让我们需要使用某种形式的共享账簿作为执行方式。这种共享账簿系统的一个特点是，所有核查人员都可以实时获得交易的全部历史记录，而且也有可能对公众开放。因此，它可以为决策者提供更多的数据，也让决策者能够即刻观察到经济冲击和政策变化引起的反应。

当然，如果我们在英国脱欧后决定建立一个由商业银行发行和管理的英国央行数字货币（我们称之为Brit-Pesa，即英国移动钱包），我们将不会使用蒙德克斯电子钱包时代的智能卡，也不会使用M-Pesa所使用的基本用户身份识别卡（SIM）工具包和短信服务（术语汇编：SMS）技术。我们会使用智能手机、聊天机器人、人工智能、指纹识别、语音识别等技术。

建立一个基本的中心化央行数字货币没有那么困难和复杂：由各商业银行共享系统，而资金则存在中央银行的账户中。不管法定数字货币是否代表着货币的未来，总的来说，英国应该发展央行数字货币，无论是以英国央行数字货币（Brit-Pesa）、"英国账簿"（Brit Ledger）的形式，还是以"英国去中心化交易所概念币"（Brit Dex）的形式，这可以让每个人在没有信用风险的情况下使用支付账户。除了新技术的白热化发展，让我们有可能打造一个新的金融体系外，还有很多其他充分的理由让我们这样做。英国中央银行关于这一主题的一份工作文件指出［巴尔德尔（Barrdear）和库姆霍夫（Kumhof），2016年］：

## 第 2 部分 变革的动力

我们发现，由于实际利率、扭曲性税收和货币交易成本的降低，相对于政府债券，如果所发行的央行数字货币占国内生产总值的30%，可以使国内生产总值永久性地提高3%。作为第二种货币政策工具，反周期的央行数字货币价格或定量规则，可以大大提高中央银行稳定经济周期的能力。

抛开国内生产总值增长不谈，还有一个很充分的理由让我们采取这一行动：现金没有应用程序接口。英国英格兰银行央行数字货币部门的西蒙·斯科勒（Simon Scorer）在为英格兰银行的博客"地下银行"撰文时，在谈论到人们对某种形式的法定数字货币的需求时，提出了许多非常有趣的观点（斯科勒，2017年）。他谈到了从非智能货币到智能货币的转变，以及法定数字货币的实施可能会成为创新的平台。笔者非常赞同这一点。西蒙·斯科勒认为：

其他可能的创新领域与支付的潜在可编程性有关。例如：我们可以实现部分自动纳税系统。举个例子。买咖啡时，净金额可直接支付给咖啡店，20%的增值税则直接交给英国税务海关总署（术语汇编：HMRC）。再举个例子。父母也可以限制子女的消费，或限定子女只能去可靠的商店或网站购物。

如果法定数字货币是通过某种形式的共享账簿来管理的，那么，西蒙·斯科勒以上的想法表明：共享账簿应用程序（智能合约）而非共享

账簿将成为与全新创新技术之间的纽带，它们是我们用以实施新型数字货币的工具。

## 英国币（Brit-Coin）还是英国央行数字货币（Brit-Pesa）

回到我们需要做出的核心设计选择，以及笔者在本章开头引用的拉加德的演讲上（拉加德，2018年）：

> 中央银行应该发行一种新的数字货币吗？比如：一种由国家支持的代币，或者一种用户可以直接在中央银行持有账户的数字货币，并供个人和公司用于零售支付？

这是我们在设计法定货币的数字替代品时首先要解决的问题：是使用英国账簿、英国币还是英国去中心化交易所概念数字币（Brit-Dex）？拉加德的演讲所依据的是国际货币基金组织工作人员讨论说明18/08版。该说明上非常明确地提出了央行数字货币的两种选择：以代币为基础或以账户为基础。

基于代币的央行数字货币，其支付会涉及对象（即数字代币）的转移，可以将现金的一些属性扩展到数字世界中。央行数字货币可以提供不同程度的匿名和即时解决方案。因此，央行数字货币可能会限制私人形式的非正当支付方式的发展，也可能增加金融诚信的风险。对央行数字货币的支付和持有规模限制等设计特点，可以减少但并不能完全消除

## 第2部分　变革的动力

上述问题。

　　以账户为基础的央行数字货币，即通过账户上记录的债权转移进行支付，可能会增加金融中介机构的风险。这会提高接受存款的机构的融资成本，也会使经济危机时期更容易出现银行挤兑。同样，谨慎的设计和辅助政策可以减少这些风险，但并不能完全消除这些风险。据欧洲中央银行估计，如果将这种类型的央行数字货币引入欧元体系，则意味着账户数量将从目前的1万个增至5亿个。[①]

　　这篇演讲之所以引起笔者的注意，是因为就如你会从本书第一部分中推断出的那样，笔者认为拉加德把国家支持的代币作为选择之一是非常正确的。在这种情况下，法定数字货币只是一种特殊的加密资产，而且作为数字货币，恰好是以国家货币为100%储备金制度性约束[②]为基础的。

　　现在，国际货币基金组织的方案并不能让使用代币（而不是中央数据库）成为必然。然而，也有其他观点支持使用数字货币的元技术来构建更复杂的现金，比如前面讨论过的智能货币。其中之一就是隐私问题。拉加德在讲话中表示：

　　　　中央银行可以设计数字货币，这样就可以通过用户尽职调

---

① 为什么这篇演讲被一些媒体报道为对加密货币有点支持，这一点令人费解，尤其是拉加德在演讲中明确表示，她对加密货币的"信任等于技术"和"代码即法律"的观点仍然不信服。
② 如果机构是中央银行。

查程序和记录的交易来验证用户的身份。不过，除非法律要求，否则用户的身份不会透露给第三方或政府。

作为一个支持使用假名来提高隐私和安全标准的人，笔者非常赞成对上述思路继续进行探索。技术为我们提供了途径，让我们既可以在这种交易系统中享有适当的隐私性，也可以在民主的框架内安全有效地实现隐私性。特别是，新的密码技术为我们提供了一种显然有点自相矛盾的能力，即将私人数据保存在公共账簿上。密码技术将构成在新的市场中运作的新金融机构的基础，因此，让我们直面隐私问题吧。

## 房间里有只大象

如果要创建法定数字货币，就必须有相应的文化环境。正如《经济学人》所指出的那样，人们很可能对那些向政府提供详细交易信息的账户感到不安，尤其是如果这些账户会加速减少优质的匿名现金。这种匿名性是支付卡和即时信用转账所不具备的一个特征。一些观察家认为：匿名性是一种正在被剥夺的自由［奥克特（Orcutt），2020年］。要想复制纸币和硬币等无记名票据——拥有一种可以在与他人交易时使用的货币形式，而不被第三方阻挠，监控资本家不能使用这种货币来建立广告宣传资料，政府也不能用它来跟踪我们的支出或行动，我们需要用聪明的方法来使用相应的技术。

不过，正如《身份就是新货币》（Identity is the New Money）一书中

## 第 2 部分　变革的动力

所说的，有一些方法可以让这种交易系统实现相应级别的隐私：在民主框架内，假名显然是一种高效的方式。我们可以把法定数字货币想象成是由中央银行运营的M-Pesa或是一种政府贝宝。而有人则提出应该使用全新的元技术架构来提供一个更现代、更复杂的货币基础设施，提供比目前的电子支付基础设施具有的隐私性和更高的安全性的货币基础设施。我们用加密工具（如前面提到的在"大零币"区块链系统中使用的零知识证明）来实现货币系统的隐私性和安全性，不过，正如笔者在谈到这个话题时经常说的那样，这是由社会而不是技术专家来决定的。

### 设计隐私

　　J. P. 科宁（J. P. Koning）写过一篇关于巴西央行数字货币选择的文章（科宁，2018年），写得非常好。他在文中表示，明尼阿波利斯联邦储备银行前行长纳拉亚纳·科切拉科塔（Narayana Kocherlakota）曾在2016年写道，经济学家对匿名这个话题知之甚少，并呼吁业内人士更系统地对匿名性更高的产品进行建模。笔者认为这是非常关键的一点。我们应在实施法定数字货币的背景下，讨论现金替代产品的最佳匿名性水平。J. P. 科宁的论文探讨了在巴西实现央行数字货币的三种方法，每一种方法都说明了如果我们沿着这条路走下去所需要做出的设计选择。他所讨论的实现央行数字货币的三种方法如下。

- MoedaElectronico（电子现金）：这是三种央行数字货币中最像现金的。它既不付正利息也不收负利息，而且是匿名的。这种央行数字货币和现金一样，它也是一种不记名的代币。

# 数字货币战争

- ContaBCB（巴西央行账户）：这是三种央行数字货币中以账户为基础程度的最深的一种，账户是非匿名的，需要支付利息，就像普通的银行账户一样。
- MoedaHíbrida（混合现金）：这种模式的央行数字货币提供了现金和类似账户的功能，包括支付不同的正利率和负利率的能力，同时为用户提供匿名和不匿名的选择。

前两个例子是众所周知的，也很容易理解。我们需要更详细地看一下混合现金。J. P. 科宁说："对于匿名的央行数字货币，永久性的负利率也是可行的。为什么？既然我们都知道犯罪和逃税会给社会带来成本，那么设计匿名支付系统以补偿这些活动所带来的一些成本可能是值得的。"

换言之，我们可以利用元技术构建一个匿名交易比非匿名交易成本更高的现金替代系统。J. P. 科宁所说的一种方法是，使用我们前面讨论过的"明暗"犯罪支付系统来实现这一点，即使用"大零币"和屏蔽机制及非屏蔽交易作为"混合现金"两种不同模式的基础。如果用户决定持有屏蔽的（即暗）"混合现金"代币，那么，使用这些代币进行的所有交易都是完全匿名和不可追踪的。但是，如果用户决定持有非屏蔽（即明）"混合现金"代币，则人们可以看到所有的交易。

为人们提供匿名性选择，但让他们为这个选择付费是一个激进的解决方案，但值得关注。使用负利率而不是费用是一个非常聪明的做法。这样就允许进行匿名交易，并不会造成交易摩擦，为市场提供了一个现金替代品，同时也可以惩罚那些藏匿匿名现金的人。负利率

## 第 2 部分　变革的动力

意味着暗代币将需要支付每年-5%的利率，而明代币的利率为竞争性利率。

不管这是否是前进的方向，都是一个值得在设计央行数字货币时认真审视的思路。如果认为提供匿名交换手段对社会很重要，那么对匿名价值存储"征税"看起来非常合理，因为这可以为整个社会分配成本和收益。

## 思维实验：MacPesa系统

让我们把已经讨论过的利用元技术的想法和驱动因素结合起来，来探索一下数字货币是如何实现的，以及数字货币可能是什么样子的。我们来举一个英国脱欧后的典型例子：英国苏格兰。

英国苏格兰已经有了自己的货币局，因为英国苏格兰的纸币是针对英格兰银行的英镑存款发行的。我们看看这个例子：一名男子声称英国邮局的一个分局不接受他的苏格兰钞票后，一名英国警察随即展开了调查。英国官方在进行统计时，将这起事件归类为仇恨犯罪行为。

抛开邮局不说，任何地方的人都不需要接受苏格兰纸币。苏格兰纸币在任何地方都不是法定货币，即使在苏格兰也是如此（英国苏格兰的法律与英国英格兰、英国威尔士法律是分开的，没有法定货币的概念）。因此，邮局没有义务接受五英镑的苏格兰币，也没有义务接受欧元、黄金或贝壳。

如果英国苏格兰不是为了后功能主义的象征性目的话，乱搞纸币和

# 数字货币战争

硬币不就是浪费时间和金钱吗？

我们可以创建MacPesa系统：一个类似于肯尼亚的M-Pesa的数字货币系统（在前面的案例研究中讨论过）。M-Pesa非常成功，但并不完美。M-Pesa曾经出现了问题，数百万客户无法接收或发送资金。这些失败给经济造成了巨大的损失（数十亿肯尼亚先令）。但是，想一想M-Pesa每天都要移动数十亿肯尼亚先令时，出现问题也并不奇怪。如果M-Pesa停止使用的话，其用户会崩溃，代理商会失去收入，银行也无法进行交易。M-Pesa已经成为国家基础设施的重要组成部分，MacPesa系统也会这样。

笔者已经说过，M-Pesa系统会时不时地出问题。那么，如果M-Pesa没有中间系统崩溃的问题，情况会怎么样？如果电信公司、监管机构和银行就某种形式的企业共享账簿（一种商业级的共享账本解决方案）进行合作，所有的节点都会有一份账簿副本，并参与共识过程，将交易记录提交到该账簿上，用以实施国际货币基金组织样式的代币解决方案，那情况会如何？这样能行吗？

就像美国兄弟所说的，我们来算一下吧。假设英国苏格兰有1万个代理，每100个"超级代理"（网络聚合器）管理100个代理。假设英国苏格兰有1000万个用户（肯尼亚目前约有2000万，是苏格兰人口的10倍）。同时假设用户的MacPesa系统余额和相关的标志/状态是100个字节。因此，100字节×1000万用户是10亿字节，也就是1吉字节（GB）。笔者的iPhone手机的存储是256吉字节。1吉字节不是什么事儿。

你可以有一个全天候的方案，中间没有一个MacPesa系统。当你用

## 第 2 部分　变革的动力

手机进行交易时,它会被发送给一个超级代理,这个超级代理会减少你的余额,增加你的收款人的余额,然后将新的余额(当然都是数字签名的)传输给其他超级代理。你可以想象,多亏了同态加密,每个代理的节点都会存储每个用户的余额,但并不能读取这些余额。

因此,当用户爱丽丝想给用户鲍勃发送10个西斯尔(thistle,笔者给独立的苏格兰货币起的名字)时,爱丽丝可以连接到任何的代理节点[①],她的加密余额将会减少10,而鲍勃的加密余额会增加10,然后把交易记录发送到网络上,这样每份账簿都会被更新[②]。为什么要用MacPesa系统?因为MacPesa系统将是一个有应用程序和应用程序接口的货币系统。

中央银行在不久的将来会在数字货币方面逐渐趋同,数字货币系统会是两层结构的实施体系。在这种体系下,中央银行向节点(银行)提供数字货币,然后节点(银行)与零售和商业用户进行交互。使用某种形式的共享账簿来实现数字货币系统的原因,并不是因为加密货币原教旨主义者所推崇的审查阻力,而是由于实施共享账簿能带来其他好处,如透明度、可靠性等。

中央银行会成为新时代提供数字货币的唯一机构吗?笔者不这么认为。

---

[①] 用户的手机将有一个随机的代理列表,如果无法连接到其中一个,那么就去连接另外一个。——译者注
[②] 这有点像建立一个自动取款机网络,其中每个取款机都知道每一张借记卡的余额,并且没有交换机或授权服务器可能宕机。如果自动取款机坏了怎么办?当自动取款机恢复时,可以简单地重新同步。

# 数字货币战争

## 让我们虚拟化

一种由数字现金组成的虚拟货币，以一个合成的账户单位计价，由一篮子货币决定。这听起来确实有点像脸书的天秤币。这是用于商业交易的替代货币单位的例子。稍后我们将详细介绍天秤币。在这一点上我们需要注意的是，虽然脸书可能是第一个试图建立全球数字货币的大型科技公司，但其他类似的提议肯定会接踵而至［彼德拉里亚（Petralia）等人，2019年］。在很多人眼里，这不是坏事。历史学家尼尔·弗格森曾明确表示：如果美国很聪明，它就会醒悟过来，开始争夺数字支付领域的主导地位（弗格森，2019年）。目前，中国的支付宝和微信钱包快速发展，它们存储着进出银行账户的人民币。正如中国人民银行（术语汇编：PBoC）在声明中明确表示的那样，支付宝和微信钱包将很快就会存储数字人民币（DCEP），也就是中国的法定数字货币。

我们来看一看以资产为支持的私人数字货币与公共法定数字货币之间的竞争。那么，让我们详细深入地研究一下现实世界中的数字货币，以便对后布雷顿森林体系下的国际货币金融体系可能的模式进行一些分析。我们能否确定一个可能的途径，通过社会、商业和技术路线图来实现数字货币？

第3部分
# 货币竞争

# 数字货币战争

17世纪，荷兰阿姆斯特丹银行创造了一种创新性的金融工具，它实际上是一种长期回购协议贷款［奎恩（Quinn）等人，2020年］。人们可以把符合要求的硬币出售给银行，并在六个月内以0.25%的利率进行回购。交易也可以以同样的成本进行展期。作为向银行出售硬币的回报，人们可以获得银行账户中的存款和硬币的收据，且这张收据的持有人有权以销售价格加上适当的利息回购硬币（"赎回收据"）。

这些收据很快就作为可转让的无记名票据开始流通，而与之相关的硬币则安全地保存在荷兰阿姆斯特丹银行的保险库中。这种安排节省了鉴定检验和记账的成本。由于未付款收据越来越多，希望从银行提取硬币的人们发现，购买收据并行使赎回权（即完成回购），比传统的取款和四处运送硬币更便宜。因此，在1685年前后，大量未使用的无收据取款权（没有收据）被废除，银行余额成为事实上的法定货币。荷兰阿姆斯特丹复杂的金融市场很快就成了欧洲信贷网络的中心，银行的余额也成为整个欧洲的货币。事实上，在18世纪中叶，至少有7个国家的政府在荷兰阿姆斯特丹市场上以荷兰货币发放贷款，这些国家包括俄罗斯、美国和西班牙，荷兰货币在当时的地位接近于当今的美元（弗格森，2005年）。

然而好景不长。正如我们现在所知，荷兰货币不再是"主要货币"了。目前的一系列全球货币制度将结束，我们就要进入一个数字货币的新时代。此外，荷兰阿姆斯特丹银行的创新工具起初只是为了向人们提供便利服务，后来才逐步成为全球货币的基础。因此，我们也有理由相信，未来的创新趋势必走上类似的道路。

# 第3部分　货币竞争

在当前的国际货币金融体系中，货币是由主权国家和超国家机构提供的。然而在未来，任何人都可以创造货币。如今，比特币最大化主义者和英国英格兰银行行长都在谈论创造替代美元的全球方案，这说明肯定要有大事发生。我们在本书的第二部分，已经花了相当大的篇幅介绍了中央银行，探讨了中央银行的数字货币将如何取代现金，以及随之而来的影响。但未来涉及的，可能更多的是私人货币，而不是公共货币。

围绕这一主题，尼尔·弗格森曾写过一本精彩的历史著作《货币崛起》(The Ascent of Money)。他在书中写道，至少对于一个国家来说，历史的教训是战争往往得不偿失，因为战争的经济代价总是会超过战后赔偿的收益（弗格森，2001年）。他所说的是军事战争，并非我们当前面临的这种战争，其背后的经济学原理是不一样的。这一次我们陷入的是网络战争。

这场网络战争爆发的具体日期无人知晓，也难以预测可能结束的时间。用布鲁斯·施奈尔（Bruce Schneier）的话来说，网络战争如今是新常态了（施奈尔，2018年）。"第三次世界大战"已经打响，很多人至今并没有注意到这一点，因为这次世界大战发生在网络空间。目前我们所处的网络战争是网络之间的战争[1]（弗格森，2017）。

加拿大原创媒介理论家马歇尔·麦克卢汉（Marshall McLuhan）在

---

[1] 这可能会使未来的战争电影变得相当乏味。不再有《敦刻尔克》或《拯救大兵瑞恩》，不再有《轰炸鲁尔水坝记》或《兵临城下》。取而代之的是，电影中有个孤独的人坐在昏暗的床上，一边用Perl或Solidity语言打下一行行代码，一边吃着金枪鱼罐头。

## 数字货币战争

许多领域都有着真知灼见，也准确地预见到了这一切的到来。早在1970年，当时正值冷战时期，他就曾说过："第三次世界大战是一场游击式的信息战争，正规军和民兵之间将不再有区别。"如果你认为这个言论过于耸人听闻，那你就错了。马歇尔·麦克卢汉的言论恰如其分地描述了眼下网络空间的现状，因为在可以预见的未来，网络攻击将持续不断地出现，既来自国家，也来自非国家行为主体。在这个不对称的全球作战时代，我们可以看出马歇尔·麦克卢汉是多么富有远见。

数字货币也许只是当前网络战争的一个前沿阵地，却是一个重要的阵地。

# 第7章 私人数字货币

---

与法定货币相比，大型科技公司发行的数字货币无疑是具有一些优势的。

——吉塔·戈皮纳特（Gita Gopinath）国际货币基金组织首席经济学家，

《金融时报》（2020年1月7日）

    二十五年前，笔者在金融创新研究中心无意中拿起了一本小册子，由此改变了对货币的看法。这本小册子的标题颇有些挑衅意味：IBM美元。这本小册子是由著名的"水平思考家"爱德华·德博诺（Edward de Bono）撰写的。他对于货币未来的想法后来被转载于大卫·博伊尔（David Boyle）的合辑《钱商》（The Money Changers）中（爱德华·德博诺，2002年）。爱德华·德博诺认为，计算机、通信和密码学等领域的技术发展将降低创造货币的成本，私人组织由此也能够创造它们自己的货币。爱德华·德博诺博士还特别提出，企业不再发行股票，而是发行自己的货币，这一做法在经济上是合理的。他还表示，他期待终

# 数字货币战争

有一天，比尔·盖茨（Bill Gates）的继任者会让艾伦·格林斯潘[①]（Alan Greenspan）的接班人失业。

爱德华·德博诺博士提出，企业可以像政府一样通过印刷钞票来筹集资金。他提出了私人数字货币的概念，也就是发行人出售其生产的产品或服务的债权来筹集资金，而不是通过银行信贷筹集资金。在爱德华·德博诺的阐述中，IBM可能会发行IBM美元，不仅可以用于兑换IBM的产品和服务，还可以（实际上）与其他公司的资金或其他资产进行交易。但是，若想真正落实这一计划，IBM必须学会如何通过管理货币供应来确保由于太多的代金券追逐太少的商品引发的通货膨胀不会破坏其创造的价值。企业至少应该做得像政府一样好，因为企业不需要刻意逢迎选民。

这种货币更像是一种无记名票据的公司债券，但这种货币没有利息，没有清算，也没有结算。一家初创企业可以不必发行股票或债券，而是发行某种可用以赎回未来服务的货币。举例来说，一个新建成的风电场可能会以千瓦时的形式提供货币，在五年后可以赎回。在风电场发展初期，其提供的货币会以相当大的折扣进行交易，以应对风电场的初期风险。可一旦风电场建成运行并开始发电，风电场提供的货币的价值就会上升。在这种情况下，只要存在对可再生能源的需求，就会推高风电场最初提供的货币价值，超出其最初的面值。

在如今这个"平台"技术公司（如脸书）的时代，人们对私人数

---

[①] 艾伦·格林斯潘，美国第十三任联邦储备委员会主席。——译者注

## 第3部分　货币竞争

字货币这一概念重新燃起了兴趣。在最近的一篇文章中，经济学家尤杨（Yang You）和肯尼斯·罗格夫（Kenneth Rogoff）也谈到了私人货币这个主题。他们在文章写道：私人货币的平台应该保持代币的不可交易性，以获得更高的收入。他们的分析表明，即使平台在发行可交易代币方面具有比较优势，那也是其他因素带来的（尤和罗格夫，2019年）。本章稍后的部分将对这些因素进行解释。

数字货币的交易性问题并不是我们关注的焦点，但科技巨头在数字货币的交易性问题中占据关键优势，即能够确保数字货币流动性和价值。因为科技巨头能够保证代币在平台内部的购买中被赎回，这也正是爱德华·德博诺的想法。然而，尤杨和肯尼斯·罗格夫也注意到，他们所说的"可赎回平台货币"的理论仍然不够完善。对此笔者很同意，特别是因为这些平台货币的基础是提供新功能的智能货币。不过，人们难免也想知道，亚马逊或苹果公司能否通过发行代币来取代传统银行账户的功能。请注意看美国国家经济研究局（National Bureau of Economic Research）最近的一份工作文件中的评论，内容是关于私有非银行数字货币发行人创建相应的系统，在该系统下，发行人将消费者持有的私人资金存在商业银行的账户中［布伦纳迈尔（Brunnermeier）等人，2019年］：

> **数据所有权**（笔者的重点）的含义是完全不同的。如果用户只持有数字货币，那么，数字货币发行者就成为信息寡头垄断者。银行者不购买这些数字货币，就无法监控交易数据。事

## 数字货币战争

实上，数字货币发行人可能会发现，为了避免放弃数据，将银行设立为子公司可能是一种更为有效的做法。

在上述商业模式中，交易数据不是用来控制风险或评估用户的信用度的，而是用来监控用户的偏好和行为，这将影响到网络经济中的许多其他方面。因此，这将有助于继续推动私人数字货币的发行。

一个流通着数百万甚至数千万私人数字货币的体系（有些基于法定货币的支持，有些基于公司资产债权的支持，有些基于获得服务的途径等），不断在外汇市场上交易，对于任何一个想要支付的人而言，这听起来都像是令人望而却步的复杂情形。然而，正如爱德华·德博诺在《IBM美元》（*The IBM Dollar*）中所解释的那样，在一个始终在线的网络世界中，这种复杂性并不是贸易的障碍：

> 预先商定的算法将根据交易的价值来推算并确定货物或服务的购买者出售了哪些金融资产。该货物或服务的提供者也能够知道，流入的资金将按照另一个预先商定的算法进行资产组合配置。符合条件的金融资产是有实时市场清算价格的金融资产。同一个系统可以匹配金融资产的需求和供给，确定其价格并进行结算。

值得注意的是，爱德华·德博诺还曾预言过比特币缺乏中介和结算

## 第3部分  货币竞争

的情况。在他撰写《IBM美元》时,谷歌或网景[1]还没有出现,更不用说贝宝或肯尼亚M-Pesa了。在他的设想中,你给他一个IBM美元,他把它放在钱包里。公司所持有的不再是传统法定货币的银行账户,而是一篮子IBM美元。需要强调的是,爱德华·德博诺还写道,任何此类货币发展的关键都将是计算机实时通信的能力,这将有助于即时验证交易者的信誉。此外,他还想象了一个无处不在、永久在线的网络,以及被称为"环境责任"(伯奇等人,2016年b)的共享账簿技术,以便支持数字资产的交换(也就是前面讨论过的代币)。

## 可行的设想

在笔者所描述的市场中,数以千万计的上述类型的货币(如IBM美元)在期货、期权和外汇市场上进行交易。这听起来不太可行,因为这样的话,交易会变得过于复杂,令人难以应对。然而,正如笔者几年前在《金融时报》上发表的一篇文章(伯奇,2014年b)中所写,上述类型货币的交易市场并不是我们将置身其中的世界。我们所关注的不是人与人之间的交易,而是被杰伦·拉尼尔(Jaron Lanier)称为"经济化身"之间的交易(拉尼尔,2013年)。这是一个"虚拟我"和"虚拟你"之间的交易世界,虚拟维特罗斯超市和虚拟税务海关总署之间的交易。在这个世界里,数字网络上的经济竞争,特别是货币之间的竞争,与传

---

[1] 网景,美国的一家计算机服务公司,网页浏览器开发者。——译者注

统的货币竞争截然不同。这是因为网络的外部性在现实世界是竞争的障碍，但网络的外部性可以增强虚拟世界中的竞争（布伦纳迈尔等人，2019年）。

正如爱德华·德博诺所预见的那样，这些经济化身或机器人完全能够在它们之间通过算法达成交易。随着代币成为一种受监管的、全新的数字资产——类似于公司票据和奖励计划的结合，将让我们有机会以更好、更新的方式重塑市场。人们可以想象一个全新版本的英国伦敦证券交易所另类投资市场（AIM）。在这里，初创企业的起步并不是发行货币，而是以代币的形式为企业的未来创造债权。这些代币交易与电子现金交易之间并没有什么不同，因为代币和电子现金都是无记名票据，没有清算或结算。不过，这将增加公司事务的透明度，因为代币和电子现金的交易的某些方面是公开的。市场参与者将能够评估和管理交易风险，监管者将能够寻找交易规律和联系。

国际货币基金组织发表过有关上述主题的论文，在论文中阐明了这项新技术可能带来的重大变革，以及在爱德华·德博诺提出这一想法几十年后，金融系统可能会采纳这一想法［阿德里安（Adrian）和曼奇尼格里弗利（Mancini-Griffoli），2019年］。落实这一想法并非源于人们对于任何思想或技术上的幻想，而是因为该系统不仅更便宜，而且功能更强大：

如果将股票和债券等资产转移到区块链中，基于区块链的电子货币将允许自动交易的无缝支付，即所谓的交付对支付，

## 第3部分　货币竞争

前提是区块链设计具有互相操作性。因此，可避免人工后台任务，从而获得实质性的效率收益。

代币会在适当的时候被监管机构适当监管。到那时，代币将成为一个管理大众市场的更为有效的解决方案，不再会有某种庞大的国际货币基金组织数据库来管理这类新资金（代币）。在这个市场上，如果公司业绩好，该公司发行的代币对其他私人数字货币的汇率就能提高，以此来回报该公司的代币持有者。不再有优惠券或分红，也不再有清算或结算，也没人能隐瞒自己有多少代币。这些代币的交易成本只是股票和债券交易成本的一小部分，这就是货币会从现有的市场渗透到这些新的、更有效的结构中去的原因。美国俄勒冈州大学金融学教授斯蒂芬·麦基恩（Stephen McKeon）对这一重要意义做出了总结。他说，所有类型的资产都将代币化，否则它们终将失去"流动性溢价"。

如果斯蒂芬·麦基恩的预言听起来略显牵强，那么就引用保守的瑞士交易所［达辛登（Dahinden）等人，2019年］编写的白皮书中的内容。在对未来货币发展情况的分析中，它提出了一个被称为"无钱"（moneyless）的概念，其中任何资产的'价格'都可以以任何其他资产的形式进行实时显示。算法搜索流动性最强的多对资产（pais of assets），形成一个双边汇率链，将待定价资产（to-be-priced assets）与以资产定价（to-be-priced-in assets）联系起来。做市商进一步提供不同多对资产之间的流动性双边汇率。

这也正是爱德华·德博诺的论点。这篇白皮书让笔者终于明白，为

什么金融创新研究中心的小册子在当时给了当头棒喝。那时，同金融和技术部门的同事们已经在一起研究去中心化和安全交易系统后，笔者立刻意识到上述观点不是空穴来风的猜测，而是对不可避免的未来的精准预见。

目前，移动电话、社交网络和生物特征识别技术相结合，实现IBM美元所需的技术已经到位。如今的世界是数字现金和数字货币的世界，所以我们应该现在就着手去进行探索。在这样一个世界里，我们不能再假设货币将由主权国家通过中央银行提供。相关技术不仅成本低廉，而且广泛普及，这就意味着将出现各种各样的公共货币和私人货币替代品。

## 环境责任

通过使用生物特征识别技术、区块链技术和机器人技术来实现非常智能的货币，我们最终将得到一个有益于银行、监管机构和客户的货币架构。一些前沿技术也出现了，可以让货币架构优化，以便更好地满足社会需求。这些技术还有些附带的好处，在金融服务中使用共享账簿——即使没有成本效益和创新，也将为市场带来一定程度的透明度和可追溯性，这势必会带来非常显著的收益。加密数字货币的狂热者们格外强调无许可区块链的不可审查性，将其视为构建数字货币的关键因素，但笔者认为是由于其他因素才使用共享账簿这项技术的。

智能合约、应用程序接口和持续监控账簿的能力，会带来账簿的透明化和自动化，这就意味着我们无须等到财务报表周期的末尾才能进行审计，也无须依赖熟练的财务专业人员才能产生审计结果。相反，在这

## 第3部分　货币竞争

个环境责任的时代，技术架构允许我们持续不断地核实和验证审计结果。当然，我们无法写出一份超出监管范围的智能合约[①]。如果你想在银行存款前检查银行是否有偿付能力，只要在智能手机上打开应用程序查看即可，无须去看一年前的审计报告，那里面只有几个月前的数据，而且还经过了管理部门的层层筛选。

监管机构的流程将像市场参与者的流程一样发生变革。由于监管人员可以随时查看账簿的状态，因此，他们将会及时发现账簿的异常。此外，账簿中存储的信息（尽管是加密形式的）将由受监管的机构负责存放。如果由于犯罪活动等原因，执法机构需要调查特定交易时，他们将能够要求相关机构提供必要的密钥来解密具体的交易记录。

"环境责任"（ambient accountability）一词借用自建筑学领域。它完美地描述了重复的、去中心化的共享账簿将如何改变金融服务业，也为下一代金融服务技术创新者提供了一个振奋人心的口号。除了把私人利润从银行转移到技术公司和其他第三方，它还为金融创新提供了另一个存在的理由。

## 透明交易

将金融科技和监管科技进行优势结合，意味着共享账簿可以提供更

---

[①] 在以太坊的去中心化自治组织（DAO）案例研究中，有可能编写和部署一个被网络攻击者利用的智能合约。因为以太坊是一个无许可的平台，没有本质上定义的"控制层"。

高效、更有效的方法来管理金融服务市场。共享账簿为银行切实存在的问题提供了正确的解决方案。然而，我们必须注意到，共享账簿还有一个重要而现实的意义。共享账簿中的一些信息是保密的：只有特定的客户、参与交易的银行和交易发生的市场才能访问这些信息。在许多应用程序中的交易都必须是私密的。我们需要一些机制来利用共享账簿这种有益的透明性，也为了对用户隐私提供必要的保护。我们用"半透明"这个词来描述共享账簿的这种情况：观察者可以查看银行存款和贷款的清单，以检查银行是否有偿付能力，但他们无法看到这些存款人是谁。正因如此，未来的发展方向就是提供共享账簿上可公开核实的私人记录。

透明交易技术是否存在？它确实存在。在20世纪80年代初，埃里克·休斯（Eric Hughes），也就是《密码朋克宣言》（*A Cypherpunk's Manifesto*）一书的作者，曾写过一篇关于"加密的开放式账簿"的文章。这一话题现在看来非常有先见之明。他的想法是开发加密技术，这样就可以对私人数据执行某种公共操作。换句话说，你可以建立"玻璃组织"，任何人都可以运行软件来检查你的账户，却无法读取账户中的每一项数据（伯奇等人，2016年a）。尼克·萨博（Nick Szabo）后来在谈到审计的具体问题时，也引用了这一概念（萨博，1997年）。

在笔者看来，就金融市场而言，这种可控的透明度对于有许可证的和无许可证的共享账簿来说都是一种竞争优势。作为投资者、客户或公民，笔者对这些组织的信任远远超过对"封闭"机构的信任。既然你可以随时上网查看上市公司的销售账本，那为什么还要等到季度申报时再

# 第3部分　货币竞争

去看他们的业绩？当你能看到上市公司的采购账簿，那为什么还要依赖管理层对成本控制的保证呢？

相互交易的玻璃组织构成一个市场，为用户提供服务，并以全新方式与监管机构合作，这将是一个非常有发展前景的方向。它表明，新的金融市场基础设施可能即将出现，共享账簿技术将继续发挥作用，不过并不是以新的方式执行目前的银行业务流程，而是创造全新的市场，创造全新的机构。

## 蓝色角落：天秤币

脸书已经提出了一个基于共享账簿的私人数字货币的方案。由于这个方案是由脸书提出的，那就可算作是一件大事，一件惊天动地的大事。马克·扎克伯格曾指出，在很多方面，脸书更像是一个政府，而不是一个传统的公司（康威，2019年）。事实的确如此，而且脸书计划推出自己的货币，这会令它越发像是一个政府而非公司。脸书发行的这种货币被称为天秤币，媒体上也出现了铺天盖地的评论，介绍支持天秤币的新区块链（由天秤币网络创建）和存储天秤币的新钱包（由脸书子公司Calibra[①]创建）。以下是马克·扎克伯格在2020年1月财报电话会议上所说的话：

---

[①] 此公司在2020年5月更名为Novi。——编者注

## 数字货币战争

我们正在采取多种支付方式，如WhatsApp聊天软件支付、脸书支付等，都是建立在传统支付结构上的，而我们围绕天秤币所做的长期工作，目前是由独立的天秤币基金会来进行的。我们正在开发一种可供天秤币使用的电子钱包。这个提议是为了让全球的一些支付基础设施更高效地工作，尤其是在跨国界转移资金等方面。

暂且不论天秤币是否可以算作一种货币或区块链，《中央银行》（Central Banking）上的一篇文章表示，天秤币既不是真正的货币，也不具备典型加密资产的全部特征，天秤币将在一个类似区块链的系统上运作（辛格，2019年a）。不过，天秤币的存在本身就非常有趣。尽管天秤币是一个潜在的大规模支付系统，但是这并不一定是出于与钱有关的目的。

天秤币的创造者们希望天秤能提供的服务类似"只需按一下按钮就可以付账，扫描一下编码就可以买到一杯咖啡，或者搭乘当地公共交通而无须携带现金或地铁通行证"这类的服务［杰勒德（Gerard），2019年］。然而，正如许多互联网评论员所指出的，如果你住在英国伦敦、肯尼亚内罗毕、中国北京或澳大利亚悉尼，所有这些事情都已经实现了。只有在美国旧金山，人们才会觉得不用开支票就可以付房租，不用口袋里装满硬币就可以乘坐公共汽车，是对未来的一种不可思议的憧憬。

从支付的角度来看，天秤币的表现乏善可陈，不过笔者个人还是认为拥有一个更加便利的脸书支付系统会是一件好事。通过互联网就可以

## 第3部分 货币竞争

进行汇款的业务显然是有用的，它可以支持各种各样的新产品和新服务。然而，货币应该具有更深远的影响。正如经济学家J.P.康宁所指出的，天秤币将不仅仅是一种交换手段（康宁，2019年）。天秤币将与特别提款权、欧洲货币单位等其他的替代货币单元一样，不过也可能会锚定一篮子货币。显然，天秤币不是上文所描述的某种法定数字货币。不过，在理论上，天秤币应该是一种为国际贸易提供支持的相当稳定的货币。[①]

那么，持有"脸币"（Facebuck）和持有电子特别提款权（eSDRs）这类"公共"合成货币有什么区别？首先，"脸币"货币局篮子里不包括人民币。脸书在回答一位德国议员提问时曾表示，其货币篮子将以美元、欧元、新加坡元、日元和英镑为基础，如表7-1所示。

表7-1 天秤币篮子

| 货币 | ISO 4217 | 权重 |
| --- | --- | --- |
| 美元 | USD | 50% |
| 欧元 | EUR | 18% |
| 新加坡元 | SGD | 7% |
| 日元 | JPY | 14% |
| 英镑 | GBP | 11% |

---

[①] 请大家注意，根据表3-1中对未来货币的分类，笔者将把天秤币归类为一种社区货币，而不是一种公司货币。

# 数字货币战争

"脸币"与特别提款权篮子（见表5–1）之间的异同最为明显。两者的明显区别在于，天秤币篮子里不包括人民币。撇开它篮子里的货币组成不说，新货币规模的一个重要意义是，如果天秤币要成为全球交易货币，其储备就会成为国际货币金融体系的主要参与者之一，也可能是最主要的参与者。此外，正如前银行家弗朗西斯·科波拉（Frances Coppola）所指出的，天秤币协会有权允许或拒绝个人、组织甚至政府的交易（科波拉，2019年）。这是一种为民主控制下的组织而保留的权力，也是大多数人所乐见的。

天秤币协会拥有超过20亿的客户，他们是脸书及其合作伙伴的用户。因此，天秤币协会在本质上完全可以与国际货币金融体系匹敌。正如弗朗西斯·科波拉强调的那样，尽管天秤币仍将依赖法定货币来维持稳定，但这并不意味着中央银行可以控制它。人们可以通过买卖资产来保持天秤币的价值稳定，这也会在一定程度上推动市场的发展。这还可能会影响政府决策，因为试图控制天秤币可能导致外汇储备抛售一种货币。毕竟，新加坡的主权财富基金（也就是新加坡元背后的资金）还不到5万亿美元；而天秤币的目标则是拥有超过20亿用户，坐拥超过3000亿美元的资产。

此外，还有一些更为深远的影响。例如：如果一些国家的居民放弃了他们通货膨胀的法定货币，转而使用天秤币，这肯定会颠覆各国中央银行管理经济的能力，产生相当大的政治影响。有识之士已经看到了这一点。马克·卡尼就曾说过，如果天秤币真的成功了，那么，天秤币将立即变得系统化，而且必须接受最严苛的监管［吉尔（Giles），2019年］。

# 第3部分 货币竞争

不出所料，国际金融稳定委员会（International Financial Stability Board）和英国金融行为管理局（Financial Conduct Authority）都表示，在没有经过"仔细审查"的情况下，他们不会允许这家全球最大的社交网络推出自己的数字货币（斯泰西和宾汉姆，2019年）。

全球的监管机构对天秤币的态度都存有不同程度的怀疑。一些地区（如法国）明确表示将会阻止天秤币，不过，笔者不清楚究竟要如何进行阻止。天秤币是一种电子货币，根据现有的电子货币机构牌照，已经可以在欧洲使用。虽然天秤币协会坚信该系统将在2020年[①]投入使用，但许多行业观察人士已表示，它可能永远都不会以目前的形式推出。例如，据路透社2019年年底的报道，当时的前瑞士财政部长乌尔里希·毛雷尔（Ulrich Maurer）说："我不认为天秤币以其目前的形式能有什么发展机会，因为中央银行不会接受支撑它的一篮子货币。"虽然有各种各样的理由来质疑天秤币是否能够达到其创始人设定的目标，但天秤币确实有很多有意思的方面。

我们可以用之前提出的模型来了解数字资产可能的发展轨迹。现在，就让我们看看将加密货币技术变成新的金融系统所需要的两种制度绑定，也就是电子钱包与现实世界实体的绑定，以及加密货币价值与现实世界资产的绑定。让一个真实的人绑定一个电子钱包地址不仅困难，而且成本很高。脸书旗下的电子钱包公司Calibra表示，在确定Calibra电子钱包的用户时，它会采取一系列步骤，以确保符合关于反洗钱/反恐

---

[①] 原书出版于2020年。——译者注

融资的要求和最佳实践，在这里将全文复制如下。

- Calibra电子钱包要求用户进行身份验证（文件和非文件）。
- Calibra电子钱包会对用户进行是否与其风险状况相匹配的尽职调查。
- Calibra电子钱包应用最新技术和技法，如机器学习，以加强我们对用户的背景调查。
- Calibra电子钱包向指定的司法部门报告可疑的活动。

下面，我们来看一下天秤币和Calibra电子钱包间的联系，如图7-1所示。

数字货币　　　　　　　　　　　　　　　　　数字身份

价值10111010111是2.79英镑　　　钱包AG35BC187H2是大卫·G.W.伯奇

加密资产　　　　　　　　　　　　　　　　　加密市场

天秤币　　　　　　　Calibra电子钱包

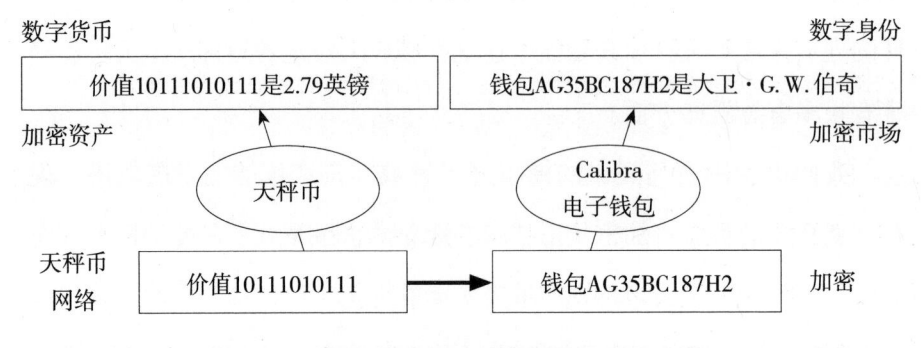

天秤币网络　价值10111010111 → 钱包AG35BC187H2　加密

图7-1　天秤币和Calibra电子钱包间的联系

值得注意的是，2019年10月，脸书在推出天秤币协会时，其成员并不包括大多数参与最初讨论的支付组织（如贝宝、维萨），却包括了一些作为支付用户的大型公司［如Shopify电商服务平台、优步（Uber）和

## 第3部分　货币竞争

声田（Spotify）]。

天秤币负责人、脸书的大卫·马库斯（David Marcus）表示，天秤币可能根本不使用合成霸权货币，而是法定数字货币。在这种情况下，天秤币将成为一个相当标准并符合欧洲规范的电子货币制度。

**身份扮演**

在天秤币白皮书第9页中，天秤币的创始人指出，天秤币协会的其中一个目标：发展和推广一个开放的身份标准。我们认为，去中心化且便携的数字化身份是普惠金融的先决条件（天秤币协会，2019年）。

很明显，交易中的任何电子钱包地址、时间戳和交易金额都是公开的，因为它们都在共享账簿上。脸书也明确指出，任何用户背景调查及反洗钱职能将由电子钱包提供商（包括Calibra电子钱包）负责存储。大卫·马库斯也反复指出，天秤币是开放的，这意味着任何人都可以连接到网络，并创建一个电子钱包，结果就是我们最终可能会有很多电子钱包。然而，笔者怀疑脸书的Calibra电子钱包也未必能够在用户规模的竞争中处于领先地位。因此，Calibra电子钱包的身份识别方式真的非常重要。很显然，它在全球范围内还有其他的竞争对手，如支付宝。

现在，如果Calibra电子钱包提供了一种标准方式，将各种政府签发的身份证转换成一个标准的、可互操作的数字身份证，那么它的价值将是非常大的。许多其他实体（如银行）也可能希望使用同样的方式。例如：在英国，这会是交付拟议的数字身份的一种方式。英国数字化、文化、媒体和体育大臣奥利弗·道登（Oliver Dowden）在2020年伦敦"身份周"（Identity Week）会议上的一次演讲中，将数字身份描述为"一键登录你的国家养老金和储蓄账户"。

需要实现互操作的不仅只有数字身份，还有与之相关的各类凭证。这就是建立信誉经济的方法。你的Calibra电子钱包可以存储你"年满18岁"的证明、你的优步评级和你航空公司的常旅客卡。如果你想在一个约会网站注册登录，就可以使用Calibra登录，它会自动提供相关的凭证，或者告诉你如何从天秤币的合作伙伴（如万事达卡）那里获得相关凭证。

这也许最终会成为"脸币"计划中最重要的方面。如果将来Calibra电子钱包成为世界上许多人的重要资产，并不是因为它能存放金钱，而是因为它存放着我们的数字身份，那会怎么样？

## 政府的问题

让我们先回到政府签发的身份证问题上。签发护照，作为一种正式的身份证明，是政府的一项工作。如果用户出示护照就可以拿到Calibra电子钱包，并没有什么不妥。假设用户生活在一个发展中国家，而没有护照或任何形式的正规身份证明怎么办？马克·扎克伯格提出了一个很好的办法，即你在脸书上的个人资料足以替代身份证明，特别是在执法方面。毕竟，脸书了解你给谁发过信息，你的WhatsApp社交软件通讯录里有哪些人，你和谁在一起玩乐，你们去了哪里等。脸书甚至可以分辨出真实的和虚假的个人资料，也一直在努力消灭那些虚假的"身

## 第 3 部分　货币竞争

份"。坦率地说,在世界上的大部分地区,用户背景调查都可以被脸书所了解的个人资料所取代,这对整个社会都很有好处。

如果你在脸书上传个人资料的时间达到一年的话,那么这一身份应该足以用来开设一个天秤币的账户,存放金额可以达到1万美元左右。这一做法对整个社会都将带来很多方面的好处。天秤币的用户的所有交易都会被放在一个永恒的共享账簿上。

# 第8章　公共数字货币

许多观察人士认为，若想取代美元作为主要货币的地位，关键在于设计和建立一个基于数字主权替代品的市场，实质上就是将主权债务（债券）转化为可以在人与人之间转移的货币。基于数字主权替代品的市场将在深度和流动性方面超越美国的国债市场［汤森，2018年b］，它将把主权债务的安全保障性扩展给全球公民。

目前，至少有一个主权国家的政府已经在按照这一思路进行思考。爱沙尼亚电子居住项目执行主任卡斯帕·科尔杰斯（Kaspar Korjus）提出了发行数字资产代币而不是主权债券的想法。他表示，此次发行募集的资金可以用来创建一个由政府和私营企业共同管理的基金。这笔资金将用于投资公共部门的新技术，也将为当地居民和电子居民所创办的爱沙尼亚公司进行风险资本投资。卡斯珀·科尔杰斯认为，代币最终将拥有价值，可以用于在国内和全球范围内支付公共服务和私人服务，而首次发行代币的参与者也将获得投资回报。

爱沙尼亚的例子为我们解答了一个容易引起混淆却又十分简单的

## 第3部分 货币竞争

问题,即货币是什么。如果爱沙尼亚继续将货币和债券合并成一个单一的、流动的、流通的数字资产,那么,这表示爱沙尼亚并没有向前发展。

意大利政府也一直有类似的想法,不过意大利所使用的是纸币形式的本国货币[①]而不是加密代币。这些纸币都是低面值债券,价值为5欧元、10欧元、20欧元、50欧元及100欧元不等。意大利政府预算委员会主席克劳迪奥·博吉(Claudio Borghi)将发行的本国货币称为一种"备选方案",以便有序地退出欧元体系[保罗(Paolo),2019年]。他还提议将纸币形式的本国货币用于支付政府的服务(如购买火车票)。支持这一想法的人很清楚使用这种纸币的目的——引入一种不由欧洲央行管理的平行货币,这种纸币在现实中大规模使用的途径是用短期政府债券mini-BOTs来支付税款。

## 丝绸钱包

随着世界经济重心的转移,数字货币的发展轨迹很可能与早期先驱者当时想象的完全不同。截至2020年,有80个国家参与了中国的"一带一路"("丝绸之路经济带"和"21世纪海上丝绸之路"的简称)倡议(术语汇编:BRI),构建一条"新丝绸之路"。这些国家不仅包括西亚、南亚和中亚的国家,也包括非洲、加勒比地区、东欧以及中欧的国

---

① 原书出版时(2020年),意大利仍然使用的是欧元。——译者注

家。换言之，全球约三分之二的人口都生活在"新丝绸之路"沿线。这些国家的国内生产总值之和占世界生产总值的三分之一左右。历史学家彼得·弗兰科潘（Peter Frankopan）对这个"新丝绸之路"做过一番有价值的概述。与过去的丝绸之路一样，国家无须满足任何特定的地理标准，就能加入"一带一路"这一倡议。事实上，其中的海上丝绸之路旨在将其范围扩大到非洲东部沿海及其他地区。

中国国家领导人称"一带一路"是一项可能改变世界的举措。对此，很多观察家都表示赞同。"以文明互鉴超越文明冲突，以文明共存超越文明优越"这一想法会给世界带来和平，但这也是一个很艰巨的任务（弗兰科潘，2018年）。其中很重要的一点是，新丝绸之路是中国领导下为中亚各国人民提出的倡议，同时也传达了中国的雄心，彰显了中国在国际舞台上的地位。

这非常合理，尤其是未来的货币将与各个组织关系更加密切——"新丝绸之路"将需要一个新的"丝绸钱包"来保存新的"丝绸货币"。这种货币的影响力绝不会局限于这些"新丝绸之路"沿途的贸易活动。总的来说，数字货币对于那些在压力下继续进行贸易的国家来说，可能更为重要。因为美元和其他全球可接受的法定货币的主导地位，让数字货币很难进行大规模交易，而使用数字货币的大规模交易的风险也很大。比如：有人偷了你的比特币，你永远无法再拿回你的比特币。

对于像伊朗这样的国家来说，似乎适应了世界正在变化的事实。虽然还没有看到任何迹象表明，各方正在协同努力创建一个全球银行网络

## 第3部分 货币竞争

的替代品,但技术创新的本质就是应对变革的驱动力,在此过程中,某种全球替代品可能会自己出现。

## 红色角落:中国人民银行

我们应该把注意力转到目前在法定数字货币领域中开展的最重要项目的国家那里。这个最重要的项目就在中国。中国也是法定货币的发源地。当忽必烈在十三世纪成为元朝的皇帝时,元朝当时有各种不同的货币,如铜钱、珍珠、盐,还有各种铸币。忽必烈认为这些不同的货币对商业和税收是一种负担,因此,他决定推行一种新的货币来支持贸易,促进繁荣。忽必烈决定用纸币取代这些不同形式的货币。想象一下纸币在当时听起来有多疯狂。用小纸片代替真金白银,代替那些有价值的东西。

就像马可波罗和其他中世纪旅行者沿着丝绸之路返回欧洲后,惊叹不已地讲述着中国纸币的故事那样,像笔者一样的评论员也是从中国北京和中国上海起飞,带回来同样令人惊叹的移动支付国度的故事。在中国,纸币正在消失,消费者们只需用智能手机就能完成所有的支付。中国正朝着无现金社会大步迈进,这个国家的千年纸币试验也在接近尾声。相当一部分中国人已经完全使用移动支付,根本不携带现金。如图8–1所示,流通中的现金数量在中国正稳步下降,而在美国和欧元区却在稳步上升。[①]

---

[①] 在英国广播公司(BBC)一个关于移动支付的主题的节目中,一位英国记者引用了一位拒收现金而选择移动支付的人力车夫的话:"我们只是不再使用现金了。"

# 数字货币战争

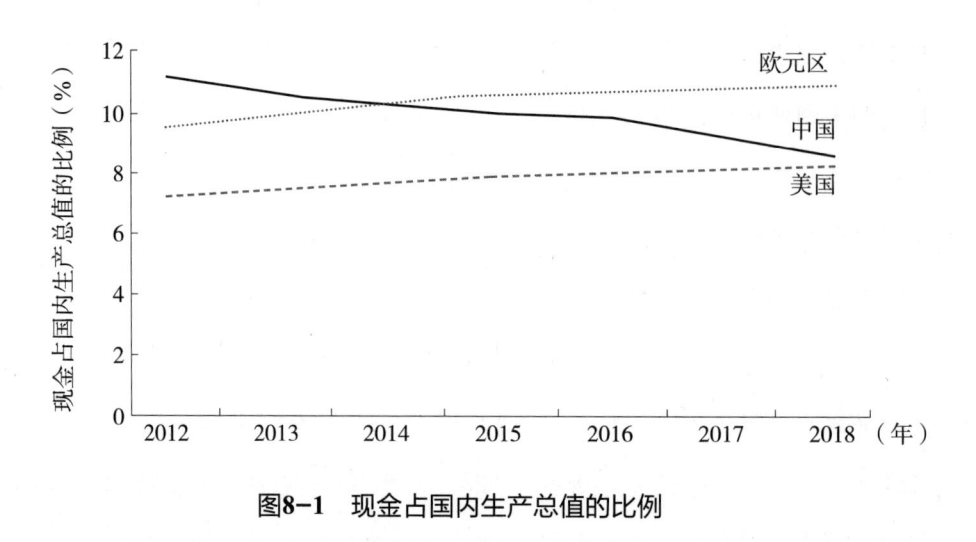

图8-1 现金占国内生产总值的比例

近几年来，中国人民银行[1]高度重视法定数字货币的研究开发。

逐步停止使用纸币会造成什么影响？中国人民银行数字货币研究实验室的创始人姚前[2]早在2017年就写过相关文章。他指出，央行数字货币会对商业银行造成影响，因此，最好能够保留商业银行作为新货币计划的一部分。姚前描述了被称为"两层"的方法，他指出，为了抵消独立的数字货币系统通过当前银行系统产生的冲击，同时保护商业银行在基础设施方面的投资，也许可以将数字货币纳入现有的商业银行账户系统中，以便在同一账户下管理电子货币和数字货币［奈特（Knight），2017年］。

笔者完全能够理解他的想法。中国人民银行希望获得数字货币带来

---

[1] 中国人民银行，中国的中央银行。——译者注
[2] 姚前，现任中国证监会科技监管局局长。——编者注

## 第3部分　货币竞争

的益处，但也意识到剥夺商业银行在货币创造方面的特权会带来一些影响。如果商业银行不能通过创造信贷来创造货币，就只能从存款中提供贷款。想象一下，假如比特币是世界上唯一的货币，我们仍然需要借贷一些比特币来购买新车，但由于巴克莱银行无法创造比特币，就只能把其他人存放在它那里的比特币借给我们。这也没错。但是，在这个问题上，和其他许多事情一样，中国为我们提供了一扇通往未来的窗户。

不管央行数字货币是不是一个好主意，人们都知道这将是一个巨大的进步。所以，你一定可以理解中国人民银行的立场。不过，中央银行创建数字货币存在一个重大的潜在问题。如果商业银行失去存款和创造货币的特权，那么，它们在经济中的功能和作用将被大幅削弱。这种情况已然发生了：支付宝、微信钱包及其他中国的第三方支付平台采用金融激励手段，鼓励用户从银行账户中取出资金，将其暂时存储在自己的平台上。据笔者观察，对银行而言，利息收入的损失尚且算是小小的不便，更严重的问题是银行交易数据的损失。

支付宝和微信钱包有助于我们向一个数字货币的世界平稳过渡。天秤币需要Calibra电子钱包向数十亿用户提供服务，而支付宝和微信钱包已经拥有了数十亿的用户。

## 中央银行对于数字货币的实验

笔者几年前曾写过，中国人民银行不会发行加密货币，也不会发行数字货币。笔者当时的意思是说，中国人民银行可能做的是允许商业银行在其控制下创建数字货币。这似乎就是正在发生的事情。新的中国数字货币（数字人民币）将由中国人民银行集中控制，商业银行必须在中国人民银行持有以数字人民币计价的资产的准备金，正如姚前在2017年所说的那样（冷书杰，2019年）。

这将如何运作呢？你可以让中央银行向商业银行提供某种加密手段，让商业银行在中央银行的控制下，用电子货币交换数字货币。当然，这就又回到蒙德克斯电子钱包的话题上来了。

这种数字货币两层结构的方法是25年前蒙德克斯电子钱包的结构（见图8-2）。[①]蒙德克斯电子钱包与当时其他电子货币计划有一个很大的区别，那就是蒙德克斯电子钱包允许离线转账，芯片对芯片，无须银行（或央行）作为中介。今天的中央银行还会这么做吗？它是否会采用

图8-2　1995年的蒙德克斯智能卡、电子钱包和遥控钥匙

---

① 如果你不熟悉蒙德克斯电子钱包，可以看看笔者的另一本著作《来自巴比伦，超越比特币》，其中对此做了更为详细的介绍。

## 第3部分　货币竞争

某种形式的数字现金，可以像比特币那样直接在人与人之间传递，还是像M-Pesa这类的电子货币那样，使用硬件而不是工作证明来防止重复支付？

这也正是乌拉圭正在进行的测试。在那里，乌拉圭中央银行开展了一项为期六个月的实验计划，有1万名用户参与了数字货币技术和概念的测试［贝尔加拉（Bergara）和庞塞（Ponce），2018年］。乌拉圭开发数字货币的动力主要是对成本的考虑。与其他类似的经济体一样，该国现金成本约占国内生产总值的0.6%（其中三分之二的成本发生在零售业）。因此，从2017年到2018年，该国中央银行对涉及1万名手机用户的电子比索和一个基于非结构化补充数据业务（术语汇编：USSD）认证的系统进行了实验。这个数据业务有点像短信，在新兴市场中被广泛应用于非智能手机的在线服务。

乌拉圭这一有限的试点方案吸引了不少数字货币爱好者的注意，这是因为该方案允许两种数字交易：终端用户之间的点对点传输和终端用户与注册零售企业之间的点对企业支付。无须经过中央系统，就可以实现点对点（即电子钱包到电子钱包）传送数字货币。

事实上，每个中央银行如果至少试验一种电子钱包，尽管价值很低（在乌拉圭，每个电子钱包被限制在约折合为1000美元左右），看上去并没有多了不起，但其意义重大。这对第四章中强调的金融排斥问题会产生重大的影响，这也是数字货币造福社会的一个关键领域。如果中国人民银行真的按照这些思路来实施某些措施，可能会真正改变全球金融服务业的格局。

# 数字货币战争

## 点对点

为什么点对点的特性对数字货币如此重要？因为点对点的数字货币不仅有助于克服现行制度和周边监管框架中对于数字货币固有的排斥，而且还能解决实体货币的一些弊端。例如：现行的反洗钱/反恐融资体系、身份识别和监督措施，给以下这些群体造成了非常大的不便［洛厄里（Lowery）和拉马钱德兰（Ramachandran），2015年］。

- 现行的金融体系和金融措施对想寄钱回家的移民和他们依靠这些汇款的家庭造成不便。银行的"去风险化"拒绝为这些移民及其家庭提供汇款服务。

- 现存的非营利组织有时并不能为灾后或冲突局势中的弱势群体带来便利。这些弱势群体只能依靠非营利组织提供的人道主义援助来生存。所有国家的公民都依赖这些组织来减少恐怖主义的发生率，但这些组织也因为"去风险化"无法提供相应的服务。

- 发展中市场中，现存的金融体系会对需要获得信贷的中小型企业造成不便。中小型企业所依赖的代理银行服务正在逐渐消失。

- 监管者在现行的金融体系下也可能亏本，因为被排除在电子货币服务之外的人，会被迫寻找其他途径来完成汇款、支付等业务，包括合规性较弱的第三国。

有一种观点认为，允许人们在一定限度内以匿名或假名的方式获得数字货币，从长远来看，将有助于我们打击犯罪、遏制恐怖主义。

# 第3部分 货币竞争

## 不同类型的匿名

尼尔·弗格森认为天秤币不是真正的区块链加密货币，更像是中国式的数字货币（弗格森，2019年）。这可谓一语中的。中国数字货币（数字人民币）将采取双层运营体系。商业机构向央行全额、100%缴纳准备金，央行的数字货币依然是中央银行负债，由中央银行信用担保，具有无限法偿性。个人和企业将使用商业银行或其他私人公司（如阿里巴巴和腾讯）提供的数字钱包。这意味着大规模的互操作性，即用户的银行应用程序、支付宝和微信中的数字货币可以自由兑换。如果用户能够将支付宝中的数字货币转到其他用户的微信中，这样的货币系统才更有使用价值。如果中国人民银行能够解决这一问题，它将成为世界上最高效的电子支付基础设施之一。

至于在上文提到的关于匿名和伪匿名的观点，笔者觉得中国人民银行的计划中还有更有趣的东西。许多观察家对中国人民银行允许匿名点对点转账表示惊讶，他们还惊讶地发现，新闻报道援引时任中国人民银行支付结算司领导的话称，拟议中的中国数字货币将可以在用户遇到地震等通信中断的情况下使用。在谈到中国数字货币这个工具本身的时候，该领导表示，中国数字货币的功能将与纸币完全相同，只是一种数字形式。他还表示，只要用户的手机上有中国数字货币的数字钱包，并且只要两部手机互相接触就可以完成转账。正如这位领导所说，这一点天秤币做不到（钟，2019年）。

这一切似乎表明，中国数字货币系统将允许离线交易（就像蒙德克斯电子钱包那样），也意味着价值可以通过近场通信（术语汇编：NFC）或蓝牙等本地接口从一部手机传送到另一部手机上。人们要想知道为什么天秤币做不到这一点，首先要了解的是，有两种基本方法可以在设备之间实现价值传递，确保系统安全，不会出现重复支付，那就是可以用硬件（如蒙德克斯电子钱包、加拿大银行的MintChip电子货币）或软件来实现。如果你选择用软件来实现设备间的价值传输，要么需要一个中央数据库（如DigiCash公司的数字现金），要么需要一个去中心化的替代方案（如区块链）。无论你选择哪一个，都必须确保连接了网络。笔者不知道在没有硬件安全保证的情况下，中国数字货币系统如何实现离线传输。

如果确有硬件为中国数字货币系统提供安全保证，就可以实现离线操作，那么又让我们回到了可互换的问题上。在这一点上，中国人民银行的观点既清晰又有些惊人。央行数字货币研究所所长表示：

> 央行法定数字货币的设计，保持了现钞的属性和主要特征，也满足了便携和匿名的需求，是替代现钞比较好的工具。

我们需要注意的是，匿名有着不同的类型，中国人民银行的匿名含义可能与"大零币"用户的匿名含义有很大差异。我们不妨将这些不同类型的匿名分为无条件匿名、有限匿名[①]和有条件匿名。对于"有条件

---

① 中国央行称为"受控匿名"（约翰，2019年）。

## 第3部分　货币竞争

匿名",在正常情况下,交易双方仍然是隐藏的,但在某些情况下(如重复支出),算法将揭示交易者的信息。

无条件匿名意味着交易各方或任何其他观察者,都无法从交易记录中了解交易对手的任何信息。所以,如果想用数字货币做一些非法的事情,完全可以毫无顾虑地去做,因为即使是政府,也没有足够的计算能力在交易系统中找出资金流向。有限的匿名意味着交易对手的身份相互屏蔽,而不是对系统的操作员匿名,这当然就是姚前所说的"后端实名,前端自愿"。如表8-1所示,展示了受控匿名意味着什么。

表8-1　受控匿名

|      | 身份数据 | 交易数据 | 衍生数据 |
| --- | --- | --- | --- |
| 中央银行 | 有 | 有 | 有 |
| 交易对手 | 无 | 有 | 无 |
| 银行 | 有 | 无 | 部分 |

在下一章中,我们将了解到数字货币的匿名性或其他问题是与之相关的许多政策问题的核心。我们很有必要仔细考虑这一点,力求满足社会的需求而非听命于技术可行的手段。

# 第9章 红与蓝

什么会引发货币王位争夺者之间的"货币寒战"？如果货币之间的竞争会引发一场冲突，为什么像尼尔·弗格森这样的历史学家很警觉，而政客们却没有察觉？人们可能认为货币是另一种方式的战争，而持续不断、永不停息的网络战争将不可避免地波及数字货币。特定的触发因素（类似区域冲突）可能导致各国采取一致的行动，压缩"动员"的时间。

像俄罗斯这样的国家，以及英国和法国这样的盟友，这些国家更关心国际货币基金组织的秩序和稳定。出于不同的原因，这些国家都在寻找替代美元的产品。

情况确实发生了一些变化。2019年，俄罗斯约三分之二的商品和服务出口是以美元结算的，低于六年前的五分之四。全球金融危机后，国际货币基金组织执董会决定将人民币纳入特别提款权篮子。正如美国前财政部长杰克·卢（Jack Lew）所说的，很难在一夜之间改变国际货币金融体系，而且目前也没有什么可以替代美元或美国市场。但美国不能

## 第3部分　货币竞争

理所当然地认为美元就是"主要货币"，美国不应该为各国因各种原因而想要避开美国而感到奇怪。事实上，杰克·卢非常明确地警告，如果美国把使用美元和美国金融体系与遵守美国外交政策越来越紧密地绑在一起，那么美元被其他货币代替和现行金融体系被其他金融体系代替的风险就会越来越大。

很明显，与美国竞争的国家都希望能摆脱当前一系列货币和制度安排的束缚。更重要的是，压垮骆驼的稻草可能是美国朋友们的态度转变。欧盟委员会主席冯德莱恩（Ursula von der Leyen）在2019年至2024年的宣言中表示，希望加强欧元的国际作用。这一声明呼应了马克·卡尼关于美元现在的主导地位并不健康的言论。

或许盟国和对手的利益最终会与新的技术结合起来，迫使金融体系和货币体系发生变革。

## 战备状态

在"旧时代"（互联网出现之前）也有货币战争，但这些货币战争涉及的是一些国家为了降低成本结构、增加出口、创造就业机会和以牺牲他人利益为代价，来促进本国经济所导致的竞争性贬值。这并不是货币战争的唯一可能的进程［里卡兹（Rickards），2012年］。还有更为可怕的情况，即货币被用作武器去损害其他国家的经济，这些攻击不仅涉及国家和中央银行，还涉及恐怖分子、犯罪分子和使用主权财富基金的投资银行，以及网络攻击、破坏活动和秘密行动。

# 数字货币战争

当然，国家的作用很关键。国际货币基金组织前首席经济师肯尼思·罗格夫曾表示，为了降低美元作为"主要货币"的影响力而产生的竞争，需要依靠国家支持的资产。就全球而言，他是正确的。但笔者也确实看到了私人数字货币在"贵族货币"和"平民货币"层面的作用，它们也会对"被渗透货币"产生影响。值得注意的是，这对一些国家来说并不一定是坏事。最近有一篇关于这一主题的论文非常有意思，文章最后讨论了下面这个问题［拉斯金等人，2019年］：

> 在新兴市场中，私人数字货币有可能会改善人民的福利。在这种情况下，我们可以证明，私人数字货币不仅改善了人民福利，而且还能鼓励地方投资和提高政府福利。

那么，在加入"一带一路"的国家，数字货币不仅是可以接受的，而且可能为国家带来非常大的益处。

在"新丝绸之路"沿线的一些新兴市场，中国金融科技供应商和相关支付系统拥有较大的市场份额，并且正在进行大量的基础设施投资。对中国来说，这将有助于人民币实现国际化，同时也会增强人民币用于交易和结算的吸引力。正如英国皇家国际战略研究所（Chatham House）研究员朱晋郦（Jennifer Zhu Scott）指出的，"新丝绸之路"沿线的大多数大型基础设施项目都是由中国企业管理的。中国企业可以选择通过美元外汇储备进行交易，或者直接用中国数字货币交易。

如果支付宝和微信钱包被加入"一带一路"的国家的40亿居民广泛

## 第3部分　货币竞争

使用，这些国家最开始会先使用自己国家的货币。不过，如果数字人民币真的能提供速度更快和更便利的转账，他们很快就会转向数字人民币。先不说中国的基础设施建设商，就是非洲一个普通的街头商人可能很快就会发现，通过微信向中国合作伙伴订购商品，或通过支付宝进行债务结算，会变得更加方便。而且，如果他们能用中国数字人民币进行即时结算，那么，他们很快就会接受用这样的货币进行支付。

正如新美国安全中心（Center for a New American Security）的高级研究员伊丽莎白·罗森伯格（Elizabeth Rosenberg）指出的那样，如果中国的发展包括扩大向加入"一带一路"的国家提供金融服务，以及推进人民币国际化，对中国还有全球经济都是非常有益的（金，2020年）。这样的规模完全能够支持在一个新的生态系统中提供流动性、支付和清算。

日本首相表示，日本政府将与日本中央银行（Bank of Japan）合作来研究数字货币，并设法提高日元作为结算手段的便利性。

数字货币的重要性远远超出了支付效率这一狭隘问题，而是延伸到了更广泛的经济领域。因此，它已经成为经济竞争的杠杆。

数字货币是国家战略的一个重要组成部分，因此，对数字货币霸权的竞争非常好理解。几年前，美国技术专家兼企业家埃里克·汤森（Erik Townsend）写道："去美元化是导致新一轮太空竞赛的催化剂。"他认为国家推动技术进步以获得领导地位是非常重要的（汤森，2018年c）。美国商品期货交易委员会（Commodity Futures Trading Commission）前主席J. 克里斯托·詹卡洛（J. Christopher Giancarlo）最近与他人合作，共同创立了数字美元基金会（Digital Dollar Foundation），该基金会倡导在美国建

## 数字货币战争

立央行数字货币。

在笔者看来，与这些观察人士一样，一场以货币为核心的超级大国之间的冲突即将到来。一些有大局观的思想家真正担心的是，如果这场新的寒战爆发，那么美元可能会变得非常脆弱。而且，如果一个或多个合成霸权货币获得"贵族币"的地位，人们会将其作为储备金。美元在金字塔顶端的地位将比我们上一代人所能想象的更不稳定。正如管理咨询公司麦肯锡所写的，单凭美国的经济规模无法解释美元的主导地位。相反，他们认为［法雷尔（Farrell）和伦德（Lund），2000年］：

> 尽管美国的政治稳定和军事实力是影响因素，但美元背后的世界级金融基础设施才是关键，包括透明的金融市场、法律体系和金融产品创新等。

数字货币也可以提供透明交易、环境责任、应用程序接口（术语汇编：API）和应用程序这些因素，所以，数字货币可以替代美元。在这个网络空间里，我们能建设什么样的世界级基础设施？这是一个相当大的问题，因为这将意味着全球金融交易的一部分将不再以美元计价，人们对美元的需求将会下降。《华尔街日报》把数字货币即将到来的未来，描述为数字货币和美元之间"即将到来的货币战争"，这完全是正确的［麦克和瓦因，2019年］：

> 自20世纪20年代以来，美元一直是世界上的主导货币。但

# 第3部分　货币竞争

如果各国的数字货币允许更快、更便宜的跨境货币转移，就会出现美元的可行替代品。

美联储主席杰罗姆·鲍威尔（Jerome Powell）在2019年11月给美国国会议员法兰西·希尔（French Hill）的信中所言："国家数字货币可能不会为美国带来优势，但是会给其他国家带来好处"［德比（Derby），2019年］。

## 网络的力量

自2001年9月11日发生恐怖袭击事件以来，美国财政部利用世界对美元的依赖，将全球金融体系转变为了一种控制机制（法雷尔和纽曼，2020年）。美国政府比大多数其他国家更早看到了控制机制的潜力。这要归功于有如此多的全球网络都在美国触手可及的范围内。其中，最重要的一个网络是环球银行金融电信协会（术语汇编：SWIFT）。其总部设在比利时，创建于20世纪70年代，目的是让世界各地的银行之间进行交易更加容易。因此，交易数量的增加和美元结算系统允许银行对以美元计价的付款进行对账，这让我们更加依赖美元。

由于大多数国际交易最终都是通过美国纽约的代理银行以美元结算的，这为美国华盛顿提供了额外利用全球金融体系的机会。美国通过环球银行金融电信协会和清算所银行同业支付系统（术语汇编：CHIPS）查看交易的能力非常强。如果美国阻止接入这些网络，那么个人、机构和政府都可能会瘫痪。

不管你怎么想，美元的主导地位都让美国能够将国际支付系统作为

# 数字货币战争

其外交政策的手段之一。而这种霸权,正如尼尔·弗格森所言,其他国家已经觉得越来越令人讨厌(弗格森,2019年)。

**战争游戏**

十多年前,美国五角大楼进行了一场"战争游戏",没有炸弹和子弹,没有F-16或者"支点"战斗机,也没有航空母舰和突击队。在模拟冲突中取而代之的工具是货币、股票、债券和最危险的武器:衍生品。在这场游戏中,美国受到一些国家的经济奇袭部队的威胁,受到袭击的是市场。在一种场景下,美元受到了以黄金为基础的新全球货币的攻击[里卡兹(Rickards),2012年]。因此,对于那些负责思考未来冲突的人来说,货币寒战的想法并不新鲜。

哈佛大学政治学院最近围绕美国在数字货币方面的危机,进行了一场战争模拟[德(De),2019年]。参与人员包括前白宫高级顾问和思想领袖,如前国防部官员及财政部前部长拉里·萨默斯(Larry Summers)。游戏设定发生在2021年,参与者是国家安全委员会成员,在数字货币推出后,为了应对美国面临的威胁而召开会议。在该情景下,数字货币削弱了美元在全球的主导地位。

拉里·萨默斯把重点放在了环球银行金融电信协会网络的漏洞上。他认为美国有一个网络,但运行得并不好。他建议美国应该改善环球银行金融电信协会的,而不是发展央行数字货币。

不管这种场景正确与否,虚拟货币的争论不再限于电子货币与数字现金之间,哈希率与智能芯片之间,工作量证明与股权证明之间,而是

## 第3部分　货币竞争

关于全球力量。作为一个历史学家，尼尔·弗格森很自然地提醒我们，那些在金融创新方面走在前列的国家，也在其他方面都处于领先地位（弗格森，2019年）。他引用了文艺复兴时期的意大利、西班牙、荷兰、英国及20世纪30年代后的美国的例子。他还指出，一旦一个国家失去了金融领导地位，就会失去它作为全球霸主的地位。

新加坡区块链投资机构Du Capital的联合创始人瑞伊·邓（Rae Deng）谈到过经济的"数字移民"，这个词用得很好。她还观察到，中国的数字货币可以进一步促进人民币国际化，并形成一个平行的生态系统，与环球银行金融电信协会并驾齐驱，通过"一带一路"倡议在全球范围内推广（陈，2019年）。

我们需要注意用基于数字无记名票据的新基础设施，取代现有金融基础设施会产生的影响。数字货币没有清算和结算，将意味着没有交易会通过国际银行体系进行，而这将意味着美国将无法通过环球银行金融电信协会网络传递软实力。

## 绕着环球银行金融电信协会转

显然，朝鲜正在开发自己的数字货币。据朝鲜友好协会主席亚历山大·考·德·贝诺斯（Alejandro Cao de Benós）说，朝鲜民主主义人民共和国打算走脸书的路线，它计划创建一种资产支持的数字货币，而不是法定数字货币，然后使用某种带有"以太坊式智能合约"的区块链。

# 数字货币战争

几年前,委内瑞拉人试图引进"石油币",也就是一种以国家自然资源(钻石、天然气、黄金和石油)为后盾的数字货币,以打破美国和其他国家实施的"金融封锁"。稍后我们会看一看世界货币市场,但笔者的总体感觉是,尽管时任委内瑞拉总统的尼古拉斯·马杜罗(Nicolás Maduro)在2020年年初向委内瑞拉制宪会议颁布法令,要求国有的委内瑞拉石油公司只接受航空公司用石油币购买燃油,但石油币仍未能取代瑞士法郎成为"贵族币"。不过,在其他国家进行的可行性研究表明,石油币确实是有用的。

英国《金融时报》[斯泰西,2019年]指出,美国有一个真正且有充分理由的担忧,美元霸权中的金融因素会让外国越来越多地使用"天秤币"等数字货币,以避免制裁。这就是前面讨论的战争游戏的结果。事实上,这也是天秤币创始人大卫·马库斯提出的观点之一。为了免受美国制裁,需要拥有一种新的"数字储备货币"(互联网数据资讯网PYMNTS,2019年)。

此外,你可以很容易地想象,各国将组建数字货币联盟,以便于监管货币和平台,使数字货币的技术标准化,并保持现有系统可行替代方案的稳定性[赵(Zhao),2019年]。

## 美元的作用逐渐减弱

华盛顿智库捍卫民主基金会(Foundation for Defense of Democracies,FDD)认为,区块链技术可能是一种创新,使美国的对手首次能够在美

## 第 3 部分　货币竞争

国主导的金融体系之外运营整个经济体。虽然从技术上讲，这可能有点不准确，有一些方法可以在没有区块链的情况下创建匿名交易，让我们把这个术语的用法理解为"第三方匿名数字货币"，但确实可以准确地表明，去中心化金融服务的广泛使用有可能绕过现有的金融基础设施。捍卫民主基金会强调了四种可能导致美元在国际贸易和金融中作用逐渐减弱的情况。

在第一种情况下，美国的对手国家说服其他国家，在其主要大宗商品出口（如石油）贸易中使用一种以国家为基础的数字货币。

在第二种情况下，一种独立的加密货币（如比特币）在商业上获得广泛采用，并与全球金融体系相关联。然后，美国的对手国家开始用这种加密货币建立巨额储备。那么，美国的对手国家可以利用其持有的加密货币在全球金融体系中获得更大的影响力。

在第三种情况下，美国的对手国家在计划创建一种基于国家的数字货币的同时，在开发数字货币钱包基础设施方面取得了进展。美国的对手国家开发了一个基于国家的数字钱包系统，公民和外国人都可以持有和交易数字货币，并将其用于与国内公司的交易。

在第四种情况下，美国的对手国家在其国内银行系统的区块链技术方面取得了足够的成功，以至于它将自己的平台出口到其他国家，以融入其他国家的金融部门。（监管和立法障碍较少的政府）最有可能接受新的金融平台。数字货币在某种背景下可能会破坏美国的战略。

# 数字货币战争

### 伊朗

伊朗在加密货币问题上的立场很复杂。政府鼓励开采比特币，但比特币和所有其他加密货币都是非法的，被视为对资本管制的威胁。这意味着比特币"矿工"只能在海外交易所出售加密货币。因此，值得注意的是，据伊朗《金融论坛报》（*Financial Tribune*，2019年）报道，伊朗政府正准备向这些"矿工"提供减税优惠，而将国外收入汇回本国的"矿工"将有资格享受免税待遇。

尽管有国内禁令，但毫无疑问的是，在与美国及其盟国的经济冷战中，加密货币成了一条新的战线。伊朗的经济一直受到制裁的阻碍，但使用一种不知名的加密货币进行交易，可以让伊朗人在绕过限制的情况下进行国际支付［埃德布林克（Erdbrink），2019年］。从政府角度看，其好处可能超过外汇管制。国际监管机构也注意到了加密货币给这个政体带来的机遇。

在《外交》（*Foreign Affairs*）杂志刊登的一篇发人深省的文章中，法雷尔和纽曼（2020年）发出了严厉的警告。他们表示，美国要明白，如果它继续将世界金融和信息网络武器化，那么，结果可能会适得其反。因此，美国应该尽量保持温和：既有利于稳定，也有利于自身利益。否则，对这种网络的惩罚性使用，会让美国失去可以利用的资源。

# 第3部分　货币竞争

已经有迹象表明，法雷尔和纽曼并不只是推测。2019年年底，伊朗总统鲁哈尼（Hassan Rouhani）呼吁通过建立伊斯兰国际货币金融体系来替代美元。该体系将允许用本地货币进行交易，促进创建数字货币，遏制对美元的依赖［纳克（Ng），2019年］。

有人很可能会想象出一种在全球拥有20亿用户的这一数字货币。笔者以前也听到过这样的讨论，不过讨论的都是以黄金为基础的无息数字货币。不是像前面讨论的战争游戏那样摧毁美元，而是要为国际社会提供稳定的货币。

顺便说一句，伊拉克及其组织相关成员，早在2015年就开始铸造实物黄金货币，目的是为新哈里发提供一种流通交换手段。不过，由于需要进行跨国界交易，纸币还将继续流通，所以这种货币会在广泛使用方面面临着很多实际问题。尽管要求商家用金币和银币标价，但他们也很乐意接受用纸币付款。以黄金为基础、通过智能手机交易的数字货币可能是另一个问题。

## 别管星球大战了

货币的未来不会是单一的世界美元或泛银河系的信贷，我们也不会生活在《星际迷航》中没有货币的乌托邦世界，更不会用星球大战中贵族太空货币进行交易。与此相反，货币的数量将成倍增加，被分割成许多货币，可能只有少数几个"主要货币"，也许还有几百个"贵族币"，但我们可以看到数百万"平民货币"会在社区内使用。

## 数字货币战争

这听起来可能很疯狂。毕竟,如果所有人都使用同一种通用的货币,情况会容易得多,对吧?但是货币不仅仅是你在商店里交出的交换媒介,它还是你想长期保存的东西。

我们应该处在一个有成百上千甚至上百万种类的货币的世界里。虽然这种货币多样化的风格让人觉得新奇,但其实它的根源可以追溯到古代。那时,货币就是记忆:我欠你一些玉米,你欠牧师一头牛,牧师欠我一些酒。在一个部落中,资产债权就是一个集体记忆,即一个不变的心理区块链。不过,这并没有形成规模。与世隔绝的村庄联系在一起,贸易超越了纯粹的地方性,城镇的发展使人们无法记住谁欠了什么,都欠了谁。他们需要一个中间人。

我们采取了延期付款的方式进行债务清偿,并将货币转化为可以交易的价值储存的工具。这些,反过来,货币成为一种交换媒介:资产债务从存在人们的记忆中,到记录在了黏土板上,然后又变成了硬币。

今天,我们所处的既不是古代的部落村庄,也不是之前的城市匿名性[①]时代。我们身处的是马歇尔·麦克卢汉所说的"地球村"。在这里,世界的数字化使我们能够随时随地与每个人联系在一起。我们拥有的不是记忆,而是社交媒体、手机和共享账簿。这就是为什么韦瑟福德(Weatherford)预测,我们将很快不再需要货币中介,因为我们不再需要记住那些交易。

---

[①] 城市匿名性(urban anonymity)是指城市人口流动性大,工作紧张,一旦走出工作和家庭的圈子,立即处于无人相识的社会环境中,人际关系淡漠。——译者注

# 第3部分　货币竞争

这听起来很激进，但请记住货币现在的运作方式，作为由中央银行控制的法定货币并不属于自然规律。法定货币是一组特殊的人为的、短暂的制度安排，并且，这些制度安排正在发生变化。我们很难预测这种变化将导致什么样的结果，但可以肯定地说，这种变化并不适合所有的人。看看欧元吧。欧元本来是要团结几个国家的，但现在引起的分歧却越来越大。想想在这么多不同经济的国家维持货币政策有多难，然后再想象一下一种单一的通用货币。

地球村的资金不会局限在少数国家或超国家的中央银行。在本书第二部分中讨论的技术意味着，现在任何人都可以创建货币。社区而非个人，会成为货币创建的中心，这些货币也会被植入这些社区的价值。笔者也许会选择以黄金为基础的电子第纳尔，而你可以选择以可再生电力为支持的"千瓦美元"，我们仍然可以一起做生意，因为我们可以在人工智能手机上进行交易。

谁会赢得货币战争？事实上，在写下这本书的第三部分之后，笔者所知道的也就这么多了。笔者可以确定，有人正在认真思考迫在眉睫的货币寒战的问题，对于即将到来的战争，他们已经制订了相应的战略以及赢得战争的长期计划。

不管你怎么看，即将到来的货币寒战是真实的，也是不可避免的。

# 结　语

# 行动号召

在发达国家和新兴国家，人们正在寻找替代美元的方案。

——《经济学人》（2020年）

当前的国际货币金融体系不是一个经过有计划、理性的发展过程后而形成的体系，而是由人们所期望的目标来创建和管理的。事实上，我们的现代经济体系是逐步进化形成的。现代经济体系进化的过程包括创新、重复和失败等，也包括萧条、恐慌和崩溃［兰彻斯特（Lanchester），2019年］。即使没有私人数字货币或公共数字货币的压力，许多观察家认为现代经济体系应该进行改革。也许另一次的萧条、恐慌和崩溃，会让我们进入一个新的状态，因为如果国际货币金融体系是平衡被不断打破，然后不断进化的系统，那么我们现在离平衡点还很

## 结语　行动号召

远。有这样想法的人，不仅是像我这样的技术专家。德国德意志银行在2019年12月的"想象2030"愿景报告中说：

> 维系法定货币体系的力量看起来很脆弱，尤其是这几十年来的劳动力成本都很低。在接下来的十年里，这些力量中的一部分可能会开始崩溃，对替代货币的需求可能会激增。

本书探讨了这些可供选择的公共数字货币或私人数字货币可能从何而来，但我没有对哪种货币可能是"最好的货币"做出任何判断。毫无疑问，私人资金的概念因技术变革重新焕发了活力，变得完全可行，尤其是在网络平台的新世界中。在这里，私人货币发行人会通过把货币的功能与传统上独立的功能（如数据服务和社交网络服务）相结合来激活他们货币。这些货币是可以互操作，还是可以交易，这是一个值得猜测的话题，但已经可以看到，在麦克卢汉描述的地球村中，可能需要重新研究最优货币区理论。虚拟社区的重要性可能会产生新的环境，在这个环境中，数字连接比传统的宏观经济联系更重要。我们很可能会看到数字货币区（术语汇编：DCA）的建立，将货币使用与特定的数字网络连接起来，而不是与特定的国家连在一起（布伦纳迈尔等人，2019年）。终结对货币的公共垄断将不再是空想。

从历史上看，让货币正常运转一直是国家的工作。我们理解，如果货币能够让不同人群进行贸易，那么货币就可以制订共同的规则来增加净福利[查达（Chadha），2018年]。然而，这并不意味着，由国家提供的货币、布雷顿森林体系以及美元占据主导地位，是在各个社会实现这一利益的唯一或最佳途径。

不过，有许多原因表明，有管理地由现在的货币过渡到未来的货币，而不是通过恐慌、崩溃和萧条，才是可取的。正如他们所说，我们就在这里。虽然笔者很难提出对美元的防御战略，但是已经有更有资格的人对后布雷顿森林体系的世界发表了意见。根据这些意见，笔者对国家作为一个整体应该如何展开行动有以下几点建议。

第一，关于数字身份方面的建议。英国、美国和其他任何地方应该借鉴脸书的经验，为这个永远在线、永远联网的世界创建一个全球数字身份基础设施。我们需要一个网络空间的基础设施，而且我们已经超越了在工业时代遗留下来的东西（护照和驾驶执照、水电费账单和"实名制"）上进行高效建设的限制。在笔者看来，数字身份比数字货币更重要。

我们需要一个数字身份，而不是数字化的身份。我们需要的这种数字身份具有普遍性。我们不希望为那些不能与人交谈的机器人建立身份识别系统。我们需要一个人人都能使用的身份识别系统。这样，我们就可以安全地将打开车库门的能力授权给自己的汽车。目前根本不可能发生这种情况。

最重要的是，我们需要一个对社会的文化和法律规范敏感的数字身份。在西方，广义地说，我们可能希望通过偏好设定来提供私密性和安全性。

第二，关于数字货币方面的建议。我们需要一个全球性的电子货币

## 结语　行动号召

许可证，就像欧洲现有的电子货币机构许可证一样。我们已经看到狭义银行业、支付和投资银行业监管在欧洲是独立区分开的。我们应该加快这种区分，创建一个具有很强复原能力的数字货币生态系统。如果欧洲、美国和其他国家相互承认这种许可，就可以为新的体系建立一个基本框架。

我们需要激烈的竞争和富有创新精神的竞争者成功地挑战现有的产品。如果我们继续要求企业获得银行许可和国家货币转账许可，才能在支付业务方面挑战美国银行或脸书的话，我们将永远也无法达到目的。虽然我们都同意，信贷供应应该受到严格的监管，因为它提供了可能导致经济崩溃的系统性失败的途径，但支付方式不一样，尤其是我们现在有许多体系可以选择。

第三，我们需要进行数字尽职调查，这是替代现有成本高昂的用户背景调查/反洗钱制度的方案，之前的制度在现有产品周围形成了一道防御用的护城河。为了激活数字身份，让数字货币给我们带来预期的好处，我们需要一种新的方法。现在，我们的世界里充满了人工智能和机器学习，为了执法的目的，停止使用用户背景调查来制造金融排斥可能会更好。相反，我们应该以普惠金融为目标，利用现代技术跟踪和监控交易，以找到罪犯和恐怖分子。完全可以想出一个"隐私优先"的方案，即有限的跟踪但需要设置高用户背景调查屏障，使其与低用户背景调查屏障，同时可以全程跟踪的"安全第一"的方案共存。

最后，我们需要认真对待马克·卡尼的想法，利用这些数字身份、数字货币和数字尽职调查来构建新的支付系统。它们应该有一种或多种

货币，设计时考虑到了全社会的目标，而不仅仅是技术人员的目标。其目的必须是至少使其中一种货币在全球范围内被接受，并能够替代美元。